人を見抜く、人を口説く、人を活かす

――プロ野球スカウトの着眼点

澤宮　優

角川oneテーマ21

はじめに　スカウトが教えてくれた組織強化法

筆者は、長らくプロ野球の選手やコーチだけでなく、打撃投手やスカウトなど多くのチームを構成する人たちに取材してきた。その中で、強いチームはどこに最大の理由があるのか、だんだんと自分なりにわかってきた。監督やコーチなど優れた指導者と、選手の実力が発揮されることが強いチームの条件であることは言うまでもない。しかし表舞台の彼らを主役たらしめるために、土台を作るスカウトがチームに大きな存在を占めていることを知ったのだ。

その事実を知ったのは、あるスカウトへの取材からだった。

近鉄バファローズ、阪神タイガースでスカウトを務めた河西俊雄《かわにしとしお》である。河西は昭和31年から阪神（当時は前身の大阪タイガース）のスカウトとなり、昭和53年から平成9年まで近鉄のスカウトを務めた。引退したときは77歳で、スカウト歴は、約40年。阪神では左腕の大投手江夏豊《えなつゆたか》、2000本安打を記録した藤田平《ふじたたいら》、本塁打王になった掛布《かけふ》雅之《まさゆき》らを獲得した。江夏は広島東洋カープに移ったが、これらの選手たちは昭和60年の阪神日本一の原動力になった。

近鉄では左腕のエース阿波野秀幸《あわのひでゆき》、野茂英雄《のもひでお》、中村紀洋《のりひろ》などの選手を獲得。彼らの活躍もあり、近鉄は平成元年と平成13年にリーグ優勝。黄金時代を築いた。

周囲は「河西の行くところに優勝あり」と囁《ささや》くようになった。

それは弱小球団だった広島東洋カープを一躍常勝軍団にした、広島の名スカウト木庭教《きにわさとし》も同じだった。彼も慧眼《けいがん》と交渉術を駆使して、衣笠祥雄《きぬがささちお》、髙橋慶彦《たかはしよしひこ》、長嶋清幸《ながしまきよゆき》などの錚々《そうそう》たる選手を発掘、「木庭の行くところに優勝あり」と呼ばれた。

優勝請負人の古くは、オリックス・バファローズの前身である阪急ブレーブスのスカウト、丸尾千年次《ちとせじ》があげられる。彼は昭和21年からマネージャーの肩書きで、スカウトを行った、日本プロ野球最古参のスカウトである。

当時阪急は〝灰色のチーム〟と揶揄《やゆ》され、万年Bクラスのチームだった。だが、丸尾は全国的に無名の山田久志《ひさし》、福本豊、米田哲也《よねだてつや》、梶本隆夫《かじもとたかお》、加藤秀司《ひでじ》らを次々と発掘し、チームはパ・リーグでも屈指の強豪チームとなり、昭和42年に初優勝を遂げると、3年連続でリーグ制覇、1年おいて、2年連続リーグ優勝を成し遂げた。昭和50年からは3年連続日本一になった。ここでの主力選手の獲得に殆《ほとん》ど丸尾が携わった。

チーム＝組織を盤石にするには、選手や指揮官の努力があることは言うまでもない。しかし、それは素材があってこそ可能なのだ。その素材を汗水垂らして見つけるのはスカウトの重要な仕事である。だがようやく金の卵を見つけても、契約金などの資金を十分に用意できなかったり、球団の名前で敬遠される場合もある。そこで入団させるのはスカウトの交渉術によって、である。

スカウトとは、主に高校生、大学生、社会人野球の有望選手をプロに勧誘する役目を担う仕事である。スカウトの言葉の意味は〈偵察者〉。選手を偵察し、プロへ勧誘し、多くの優秀な人材を送り込む。

スカウトは、昭和9年に日本のプロ野球が誕生して以来存在しているが、スカウトという専門職はなく、球団のマネージャーが仕事の一環として行っていた。当時のマネージャーは、球団代表に近い権限を持っていたと言われる。

その後、昭和31年7月27日に各球団のスカウトがコミッショナーに登録される「スカウト登録制」ができ、登録されたスカウトが球団の代表者として、選手本人と対面契約できる資格を持つようになった。ここからスカウトが制度化されるようになった。

当時は球団に存在するスカウトは2、3人だったが、現在は各球団とも担当地区制を敷き、球団によって差はあるが、6人から10人までのスカウトがチームに存在している。

本書では、弱い組織がいかにして、強くなっていくかの方程式を描こうとした。先年、筆者は河西の生涯を描いた『ひとを見抜く』（河出書房新社・平成22年）を刊行。そのときに多くのスカウトに出会った。取材を通して、彼らの手法はプロ野球だけでなく、一般企業など、他の組織にも通用する普遍的な方法ではないかと思うようになった。

人を見抜く（発掘）、人を口説く（交渉）、人を活《い》かす（育成）、これは組織を運営する上で肝というべきものである。

プロ野球チームで、この三原則を監督以上に知悉《ちしつ》しているのはスカウトである。チームの栄光の陰で、内助の功を果たすのは彼らである。彼らの手法は、どの分野でも通用する。

私事だが筆者は都内の私立大学でキャリア支援、就職担当を8年務め、学生の相談・カウンセリングに乗っていた。多くの企業の採用担当者とも会い、就職戦線を調査・分析する業務も行った。バブルの時代から就職氷河期まで好景気・不景気の両極の時代を経験したが、世に一流と呼ばれる企業から内定を貰《もら》い、社会で活躍できる学生の共通点は、スカウトの評価するプロ野球選手と同じだった。

また選手がチームに入ってからは、どのように伸ばしていくことができるか。その最良の方法は、原石のときから見ていたスカウトが一番知っている。この選手は投手で獲得したが、打者が向いている。この選手は、精神的な部分が弱い。だから、この部分を鍛えればよい。

褒めて伸ばしたほうがよい性格か、あるいはきつく叱ったほうが伸びる性格か、などである。

だから彼らは組織論にも一家言持っている。

チームを強化するために、今欠けているのはどのポジションか、どこを強化すればよいか、常に考えながら選手を獲得しているからだ。チームには左のリリーフ投手が必要だ、あるいは何年後にはこのポジションの選手が衰えて来るから、将来性のある高校生を獲《と》って、いずれ一本立ちできるように鍛える……。スカウトは常に長期的な展望に立って、チーム力を観察しているのだ。

ビジネスの世界でも、人材を活用するにはどうしたらよいか、という課題がある。採用でも新卒（野球で言えば新人選手）がいいのか、経験者採用（野球で言えばトレード、戦力外選手の再雇用）がいいのか、判断に迷う場合がある。前者が補強で、後者は補充である。この二つを理解して、人を採用することが大事なのだとベテランスカウトは説く。

本書はスポーツノンフィクションのスタイルを取りながら、ビジネス書としても役立つように努めた。

野球が好きな人だけでなく、ビジネスの世界で生きる人々にも、困難な時代を乗り切っていけるヒントにして頂けたら幸いである。

なお、スカウティングを扱った内容であるため、選手の所属球団表記は入団時のものとした。

目次

はじめに　スカウトが教えてくれた組織強化法　3

第1部　人を見抜く

第1章　原石からダイヤモンドを見つける方法

どこの馬の骨かわからない選手を、いいのか悪いのか判断するのは難しい。さらに現代はいい選手がいれば、マスコミやインターネットなどで一瞬にして名前が全国に広がってしまう。だが、誰も知らない無名の原石を探り当て、プロで大成させることほどスカウト冥利《みょうり》に尽きることはない。

●シルエットに閃いてドラフト1位指名　巨人・坂本勇人

現在巨人で育成部ディレクターを務めている大森剛《たけし》は、慶應義塾《けいおうぎじゅく》大学時代、東京六大学随一のスラッガーとして鳴らし、巨人にドラフト1位で入団した。しかし巨人の選手層の厚さに阻まれてレギュラーになることができず、平成12年からスカウトになった。彼が大事にしている言葉は「一球一瞬」「三球一振」である。打者であれば、一振りで技量を見抜き、投手であれば三球で実力を判断する、という喩《たと》えだ。

「打者はファウルでもいいから、一振りしてくれたら、打てるか打てないかがわかる。投手は三球投げれば、その中に変化球もあるし、フォームもスピードもわかる」

青森県で行われた秋季大会だった。

新チームになって間もないときなので、光星学院、青森山田高校などの強豪校にいい選手がいないかな、という程度で見に行った。

光星学院に1年生でショートを守っている選手がいた。打順は1番。体は１８０センチを超え、体もできている。ゴロの捌《さば》き方など身のこなしもいい。それが15歳の坂本勇人《はやと》だった。大森には守っている姿のシルエットが美しく映った。

大森は言う。

「僕らは、ぱっと見て第一印象で判断するのですが、プレースタイルがカッコいいなと感じました。カッコいいというのは、野球センスがあるということです。とくに本塁打を打ったわけではないですが、魅力的に見えたのですね」

そこから大森は坂本を追いかけるようになった。

ひと冬越えて、２年生になったばかりの坂本は、まだ全体的に力不足という感じを拭《ぬぐ》えなかった。ところがその夏の県大会の決勝だった。青森山田高校の左腕柳田将利《やなぎだまさとし》から、坂本はバックスクリーンに特大の本塁打を放った。柳田はこの年に千葉ロッテマリーンズにドラフト1位指名された豪腕である。

「スカウトとして2年後楽しみな素材」というレベルが、「長距離砲としての資質もある」と評価を変えた一瞬だった。

彼の評価がさらに高まったのは翌年の3月。光星学院は選抜大会の前に関西へ遠征に行き、報徳学園高校とオープン戦を行った。そこで坂本は2本の本塁打を放ったのだ。

選抜では一回戦で敗退した。当然この場で、12球団の全スカウトは坂本を見たが、彼は大活躍をしていなかったので、評価は賛否両論に分かれた。

「ああいう腰の高い選手は伸びない」「打撃も特徴が無いからプロではきついんじゃないか」という意見が多かったという。巨人の中でも評価は半分に分かれた。だが大森だけは、彼はトップクラスの選手だと信じて疑わなかった。

なぜ確信を持てたのか。坂本は2年生の春から4番を打っていたが、大森はグラウンドの物陰に隠れて練習を見ていた。坂本は大森が注目していることを知らない。3年になった坂本の技量に驚いたのは、内角の打ち方だった。大森に言わせれば「インサイドアウト」に打てる技術である。高校生は金属バットを使うから、思い切り振れば打球は飛んでいく。だが坂本は、ティーバッティングのときにバットの振りを遅らせ、十分に引きつけてから最後は鞭《むち》をしならせるように一気に打った。これが「インサイドアウト」だが、木製バットで内角を打つには、この技術を習得しなければ飛距離は出ない。もう一つ大森が驚いたのは、センター、ライトへ飛ぶ打球の質だった。

「僕らの業界の言い方かもしれませんが、品のいい打球を打っていたんです。真っすぐできれいな打球です。下品な打球というのはゴルフでいうようなドライブしたり、スライスしたりするんです」

この打球を見た時、大森はプロでも活躍できると確信を摑《つか》んだ。この頃になると他球団のスカウトも注目するようになったが、大森は願っていた。

「もう打たないでくれ」

トンネルのエラーでもしようものなら、「よし、よし」と心の中で拍手していた。

それでも巨人での評価は分かれ、平成18年のドラフト会議では、巨人は1位に愛工大名電の堂上直倫《どのうえなおみち》を指名している。だが、3球団が競合し、巨人は抽選に外れ、坂本を指名した。

ドラフト会議の直前まで、巨人は誰を外れ1位にするか迷っていた。原辰徳《たつのり》監督や球団代表、他のスカウトのいる中で、大森は自分の首をかけて、「絶対彼はプロで活躍できます」と強く主張した。その原点には、初めて彼を見たときの美しいシルエットがあった。原監督も大森の姿勢に「よし行こう」と決断。坂本の外れ1位が決まった。

坂本は入団2年目でショートの定位置を獲《と》り、144試合に出場した。翌年は打率．306、本塁打18を打って巨人のスターとなった。

大森は坂本がレギュラーを獲った1年目、心配し過ぎて胃を痛め、胃カメラの検査もしたという。彼は言う。

「見る感性というのはありますね。僕は第一印象を大事にしているので、そこで行けると思ったら、次にどこが行けると判断したのか、枝葉（守備、打撃、脚力など）を分けていきます。逆に、有名な選手であっても、〝これはきついな〟と感じたら、枝葉ごとに分けて、〝やっぱり駄目だな〟と確認していました」

大森は坂本の資質をホームランバッターだと考えている。当初は、中距離打者として活躍したが、平成22年には本塁打31本を打ち、長距離打者としての実力を発揮した。坂本の長距離打者としての資質も大森は見抜いていたことになる。

●第一印象は、美人とすれ違って振り返った感覚　近鉄・岡本晃

人を第一印象で判断すると言っても、スカウトによって様々で一貫した方法論はない。スカウト歴40年の河西俊雄のケースを見てみよう。

彼の〝すっぽん〟と愛称がつくほどの、喰《く》らいついたら放さない交渉術は後ほど記すことにして、河西流の人を見抜く方法を記したい。

河西ほど、第一印象を大切にしたスカウトはいなかった。彼は投手は一球、打者は一振りで、プロで使えるか判断した。ここで、ぱっと閃《ひらめ》くインスピレーションを大事にした。選手を追いかけて何度見ても、粗だけが見えて、判断に迷いが生じるからである。

その感覚は、男性が通りすがりの異性を振り返って見ることに似ている。路地などの小さい道で、美人の女性とすれ違う。一目見て美女であれば、立ち止まって振り返る。

「あ、きれいだな」

と、この瞬間の印象である。それ以上近寄ったり、追いかけていくと、最初の輝いた印象が吹き飛んでしまう。いろいろな細かい点が気になり、気づかなかった点が見えてくる。するとその美しさに迷いが生じてしまう。

「うわー、嫌だな」

と評価が一変してしまう。

野球選手も女性を見るときと同じである。河西が近鉄のチーフスカウトのときだった。

関西大学のエースに岡本晃《あきら》がいた。大学通算16勝を挙げ、ノーヒット・ノーランも達成した右腕。ただ、大学時代に右肘《ひじ》を手術していた。獲るべきか、見送るべきか、決断に迷うケースである。担当のスカウトも試合を何度も見たが、決めかねていた。春のシーズン、上司の河西に話すと、彼はすぐに球場にやって来た。

岡本の球は力強いものだった。マウンドから思い切り投げ込んだ速球は、一本の糸を引いたように外角低目に決まった。打者は手が出ずに見送った。この一球を見て、河西は言った。

「獲るぞ。最後の秋が悪くても、指名するからな」

河西は地方の試合に行っても、一球見て「あかん。行こう」と帰るときもあった。後は好きなパチンコに熱中している。河西は言う。

「インスピレーションで決めるんですわ。選手を見て、〝オッ、凄《すご》いな〟と思ったら、それで決めるんです。今のスカウトは何回も見に行くでしょう。だけど選手は、いいときもあれば、悪いときもある。今日は145キロの球でも、明日は136キロしか出らんときもあるんや。そんなの見ても参考にならん。その選手の全体像を摑むことが大事なんや」

その後、その選手の調査は放っておき、1カ月経って、再び見にいく。前の印象が変わらなかったら、本物だという。

その年（平成7年）のドラフト会議で、岡本は近鉄から2位指名を受け入団、2年目に10

勝6敗、防御率2．82（リーグ2位）の活躍を見せ、開幕投手も務めるなどエース級の選手となった。後にセットアッパーに転向し、チームがリーグ優勝した平成13年には61試合に登板し、4勝8セーブ、防御率2．73、翌年は65試合登板、7勝18セーブ、防御率1．82を挙げ、チームの貴重なリリーバーとなった。

河西は素材を見分けるとき「金は金や。銅は金にならん」と口癖のように語った。

そんな河西には、あるエピソードがある。

ある高校の監督から、ぜひプロに行かせたい選手がいるからと球団に連絡があった。担当スカウトは、チーフの河西も連れていくことにした。

その監督は大喜びで、シートノックから、打撃練習、ランニング、すべてを河西に見てもらおうと準備していた。約束の時間は午後3時。河西と担当スカウトは約束の時間に訪れて、グラウンドでその選手のノックを見ていた。まだ監督の姿は見えない。ただ河西は即決の人である。

選手のノックを何球か見ていた河西は「こら、あかん」と言って、すぐに帰りだしてしまった。その時間は5分。担当スカウトが必死で止めたが「もう一緒や。これ以上見ても、ようならん」と意に介さない。インスピレーションが湧かなかったのである。

仕方なく残った担当スカウトが一人で見た。遅れてきた監督は「あれ、河西さんは？」と尋ねたが、「ええ、急に出張が入りまして、来れなくなったんですわ」と答えるしかなかった。

その選手は、やはりプロに入る力はなく、ドラフト会議で指名されることはなかった。一瞬のプレーで、ベテランスカウトの目には金か銀か銅か、わかってしまったのである。

その金を見分ける方法が、第一印象でインスピレーションが湧くかどうかにあった。

【人を見抜くポイント】その1

第一印象に選手のすべてが表れる。判断するには、インスピレーションが湧くかどうか。その心は、女性と道ですれ違って、振り返って見たときの「あ、いいな」という感覚に似ている。そこから技量を枝葉に分けて検討する。

●小手先の技量よりも、全体像を捉え評価する

スカウトに、「選手を見るとき、どこを重視しますか」と聞いても、意外にも、球が何キロ出た、何秒で走った、どこまで打球を飛ばしたという技術的なものは出てこない。

横浜ベイスターズ（現横浜ＤｅＮＡベイスターズ）でスカウト部長を務めた高松延次《のぶつぐ》は言う。

「僕はこれがよかった、と言って獲ったことはないですね。直感でもないですよ。例えば、〝いい投手がおるんですよ。いっぺん来てください〟と連絡を貰《もら》ったとします。僕は〝足は速いですか、目はいいですか〟とは聞きません。まず〝身長はどのくらいある？〟〝右か？　左か？〟です。プロとアマの違いはそこなのです」

身長が１７４センチだったとする。右投手であれば、この段階でプロは無理という判断になる。１８３センチだったら、目が悪かろうが、これだけの体があればプロで通用する。左であれば、多少背は低くても、左打者専用のワンポイントリリーフで使えることもある。

「プロとアマの違いはそこですよ。アマはある程度技術と力とセンスがあればごまかしは利きます。しかしプロではまず体力で勝てません。高校時代に１３５キロしか投げられなくても、体が大きければ、プロで鍛えて１５０キロ投げる可能性があります」

例えば１８０センチの投手と、１７０センチの投手は、同じマウンドから投げても、腕の長さが違うから、捕手のミットまでの距離が10センチは違ってくる。当然高低の落差もある。大きければ大きいほどいい。

やはり１５０キロの球を投げるには、体力がものを言うのである。

「どこが気に入ったのですか、と問われても、〝やはり体力があって、腰回りの大きさが違った、それにリストが柔らかかった〟という答えになります。球が速いとか、足が速いとか、これは野球をやった人なら皆わかります。それよりも将来どういう体型になるか、腕が長いか、首が太いか、頭の形がいいか、それを見るのが　スカウトの仕事です」

高校1年生を見に行く。いいものを持っている選手だったとする。将来が楽しみだ、という評価をする。しかし、3年生のときに体つきが変わっていなかったら、それは技術的に伸びていなかったことを意味する。

「よくなる選手は、体が一回りも二回りも大きくなります」

あるベテランスカウトも語る。

「選手を部分的に小さく見ると欠点ばかり目立ちます。大きく捉《とら》えて伸びるかどうかを見ることが大事なのです」

平成24年のドラフトの目玉であった大阪桐蔭《とういん》高校の藤浪晋太郎《ふじなみしんたろう》は4球団から1位指名を受けて、阪神タイガースに入団した。最速153キロの速球を投げる右腕。しかしその球を繰り出す土台に、197センチ、85キロという卓越した体があった。平成25年の選抜大会で準優勝した済美《さいび》高校の安楽智大《あんらくともひろ》も187センチ、85キロと大型だ。スカウト陣が注目するのも150キロ級の速球以上に彼の体格あってのことである。

【人を見抜くポイント】その2

スターになれるかどうかは、全体像を見て決める。その人の持つ全体像に光るものがあるかを判断する。小手先の技術だけが秀でている人材は大きく伸びることはない。

●選手はやがてお母さんの体つきになる　阪神・藤田平

高校時代は細くても、プロに入ると突然体が太くなるケースもある。技術的なセンスは抜群だったが、体が細いため、多くの球団が獲得を見送った選手がいた。しかし選手の将来性を見抜いたスカウトは一本釣りをして入団させた。彼はプロ入り後、首位打者を獲得し、通算2000本安打を達成したから、スカウトの慧眼《けいがん》としか言いようがない。

当時阪神のスカウトだった河西俊雄は、昭和40年の第1回ドラフト会議で、ある高校生選手を2位指名した。その左打者は、選抜大会に出場し、24打数10安打、打率．418を記録している。当時は木製のバットだから、この数値は驚異的である。チームは準優勝。本塁打も2本、二塁打も4本打っている。

ただ河西は、彼の魅力を長打ではなく、左右にライナーで広角に打てるセンスに感じていた。本塁打は、放物線を描く長距離打者特有のものではなく、ライナーの打球が伸びてオーバーフェンスしたものだったからだ。

当然プロも注目するようになった。大洋ホエールズ（現横浜ＤｅＮＡベイスターズ）の監督だった三原脩《みはらおさむ》、南海ホークス（現福岡ソフトバンクホークス）のコーチ陣も才能を買っていたが、彼の体は176センチ、体重は64キロ。いかにも体の線が細かった。そのため、彼らは獲得を見送った。だが河西は執拗《しつよう》に追い続けた。

「体は細くひ弱いが、それを上回る膝《ひざ》の柔らかさと、センスがある」

河西は、野手で膝が硬い選手はどうにもならないと考えていた。関節が硬くなるので、故障も多くなるからだ。だが、この選手は柔らかい。ただ本人は大学進学を考えていた。

河西には一つの確信があった。この高校生は将来、太い体格になる。彼の母親の体型ががっちりしていたからである。

河西はこれまでの経験から、男の子は母親の体型になることを知っていた。お母さんが大きければ、息子も大きくなる。彼の母親は腰が大きかった。

「高校生を獲るときは、母親のお尻を見ろ」

これがモットーだった。母親が子供の頃にどんなスポーツをやり、運動会の競走で何位だったのか知ることも参考になる。

この選手は、阪神にドラフト2位で入団するが、次第に体格もよくなり、2年目からショートのレギュラーになった。以後、チームの中軸を打ち、昭和56年には打率．358で首位打者、通算2064本安打、207本塁打を記録。とくにミートする技術は卓越したものがあり、イチローに破られるまで２０８打席連続無三振の日本記録保持者でもあった。彼が、後に阪神の監督を務めた藤田平である。

藤田のプロでの活躍を知った三原脩は「獲っておくべきだった」と非常に悔しがった。

「阪神の昭和60年の優勝は河西さんのお陰でできました。本当にいい選手を獲っていらしたから。スカウトして下さったのは大きいですね」

藤田はそう述懐している。

【人を見抜くポイント】その3

高校生の選手は、いずれ母親のような体格になる。運動神経も母親から受け継ぐ。本人を見て評価するのも大事なことだが、その原形は親が持っている。

第2章　スターには、独特のオーラとセンスがある

オーラというと非科学的な意味合いがある。だが、数字や成績には表れないこれらの感覚を、ベテランスカウトは見る術《すべ》を知っている。

●将来のスターは、常人と違った雰囲気を持っている①　西武・清原和博

ベテランスカウトは、将来スターになる選手は独特のオーラがあるという。

その代表格が清原和博《きよはらかずひろ》（元西武、巨人など）や松井秀喜《ひでき》（元巨人、ヤンキースなど）、元《もと》木《き》大介《だいすけ》（元巨人）などの怪物級の選手である。彼らは甲子園《こうしえん》の舞台で全国のファンやスカウトが見ている中でも、ふだん以上の力を出して、本塁打を量産した。地方で「凄《すご》い選手」と噂になって、甲子園という晴れ舞台に出て来る。この晴れ舞台で活躍できるかどうかが、一地方のスターにとどまるか、全国区のスターになることができるかの境目なのだ。

オリックスの元スカウト、堀井和人《かずひと》は言う。

「新聞で騒がれたりすると、選手は打ちたい、打ちたいという気持ちが強くなるわな。そこで打てるかというのは、選手の運です」

1試合で選手に回って来る打席はだいたい4打席。このとき特大の本塁打を放って、スカウトを「流石やな」と唸《うな》らせるか、凡退して「あれ、聞いていた情報と違うぞ」となるかは、運としか言いようがない。担当スカウトは、都道府県予選から追いかけているから才能を認めている。しかし甲子園には、担当スカウト以外のチーフスカウト、スカウト部長もやって来る。彼らは初めて、担当スカウトから薦められた選手を生で見るのだ。

「ちょっとあれでは会議にかけてもなあ」

と評価が下がってしまう。大物スターは、大きな舞台で実力以上の力を発揮する。堀井は、そのような選手を「華のある選手」と呼んでいる。

「注目の選手って、甲子園で皆見ているときによう打ちよるわ。華を持っている選手なんですね。やっぱり二流はそこでは打てない。いい選手は必ず結果を出します」

とくに清原は甲子園の舞台で、全球団のスカウトが注目する中、球場のもっとも深い右中間のスタンドに打球を放りこんだ。彼はそういう運を持った選手だった。理論的に言えば、将来スターになれる選手は、大舞台のプレッシャーに負けない並はずれた集中力を持った人物ということになる。ここで清原はさらに評価を上げた。

このとき見ていた河西俊雄は「リストが強靭《きょうじん》や。それも並はずれた。ミートの瞬間に最大の力でバットが振れるから、一番深いところまで飛ばせるんだな」と語った。

スカウトの耳に「この地方にいい選手がいますよ」という情報が入る。当然、名前は知っているが、顔は知らない。目当ての選手を見に、高校や大学に行く。そのときアップしている姿を見て、他の選手に比べ際立った動きをしているという。不思議な存在感、他の選手と比べて違う輝きを放っている。どっしりとした存在感、落ち着き、大物の持つ風格だ。

「あ、こいつのことやなとわかるんですよね。不思議ですね」

堀井は言う。これは一流スカウトに共通する、将来のスター選手の見分け方のようだ。直感、感覚という部類に入るが、データにないものを見るのが、スカウトの眼力なのだ。

●将来のスターは、常人と違った雰囲気を持っている② 阪神・掛布雅之

華を持っている選手は、有名選手に限らない。地方の無名選手も、将来を予感させる独特の雰囲気を持っている場合がある。

櫟信平《いちいしんぺい》という阪神のスカウトがいた。もともとは同志社大で強打者として知られていたが、胸部疾患で早く引退し、打撃コーチを経て、昭和39年からスカウト、以後平成に入っても近鉄でスカウトを務めていた。

櫟はいつも言っている。

「スカウトにとって不作のときもあるし、よかったという年もあるし、やはり運不運に左右されます。〝あんな駄目な選手を獲《と》って来て〟と言われることもある。はっきり言って宝くじみたいなものですよ」

誰もが認めるいい選手を指名すれば、失敗はしない。一か八か可能性にかけた選手を獲らなければ、自分に汚点がつかない。しかし、それではスカウトは成長しない。ときに失敗を重ね、どこが足りなかったのか反省し、次に活《い》かすことで、判断力がついていく。

そうやって眼を養ってきたのがベテランスカウトの櫟だった。

「特出した選手は片鱗《へんりん》があるのですね。全体的な動きではなくて、ちょっとした動きに何とも言えない大物の雰囲気を漂わせていたのです」

櫟は千葉県予選で気になる選手を見つけた。彼は習志野《ならしの》高校で4番を打っていたが、走る姿はぎこちなく、俊足ではない。三塁を守っていたが、グラブ捌《さば》きは荒い。ただ打席に立つ姿が、懐が深く、落ち着き払った雰囲気を出しており、大物を予感させた。投手の動きに一喜一憂せず、睥睨《へいげい》するような貫禄《かんろく》がある。

「いかにも打ちそうな感じがするな」

彼は鋭いスイングから大きなライトフライを打ち上げた。打球は速く、思い切り振るという積極性も目に留まった。櫟は、彼が打球の行方を見上げた表情、アウトになって一塁ベースを踏んで戻ってくる姿に落ち着いた風格を感じた。

櫟は思わず、隣にいた男性に「いい選手ですなあ」と話しかけた。この男性は「私、あの子のオヤジです」と答えた。そのまま家に連れて行ってもらうと、庭にネット、家の壁には大きな鏡があった。「父親がここまで熱心なら、息子は行ける」と確信した。

彼は2年生の夏、甲子園大会に出場していたが、習志野高校は一回戦で敗退したため、話題になっていない。3年時は、予選で敗退した。そのため他球団に注目されることはなかった。櫟は何とか彼を入団させられないかと考えていた。

櫟はスカウト部長の河西俊雄に相談して、球団フロントを説得し、入団テストを受けさせることに成功した。

甲子園球場でテストは行われたが、周囲に気づかれないように、ある選手のユニフォームを裏返しにして、プレーをさせた。三塁を守らせてノックを受けさせたが、送球したとき、一塁手のミットを越えて、スタンドまで飛び込んだ。「バカ肩」であった。これほどの強肩はそうはいない。これも魅力だった。

左打席に立つと、やはり打撃は荒かったが、鋭いライナーが左中間へ飛ぶ。高校生で左中間にきれいなライナーを打てる打者もそうはいない。隠れた逸材だった。

この光景を見ていた河西は唸った。

「リストの柔らかさは天性のもんや。よし獲ろう」

彼はドラフト会議で６位に指名されて入団した。契約金も３００万円（推定）という安い額で入団。だが入団してから２年目でレギュラーを掴《つか》み、阪神の不動の４番打者になった。後にミスタータイガースと呼ばれ、本塁打王３回、打点王１回、40本塁打以上、１００打点以上をそれぞれ２回記録した掛布雅之である。

掛布は言う。

「僕がどういう評価だったのかわかりませんが、河西さんから〝獲るから〟と言ってもらったときは忘れられないくらい嬉《うれ》しかったですね。河西さんのためにも頑張ろうと思いました」

【人を見抜くポイント】その４

プロで活躍する選手は、注目される中で、ふだん以上の力を発揮する。データも大事だが、このような直感、感覚で判断できる嗅覚《きゅうかく》を持つことが、将来のスターを獲得する方法の大事な要素になる。

●野球はスタイルである　巨人・原辰徳、近鉄・大石大二郎

あるベテランスカウトは言う。

「たとえば足が速いとか、球が速いとか、技術だけを見れば、どのスカウトも上手《うま》い下手を判断できます。ところが河西さんのように〝スター性があるぞ、スターになれる運を持っているぞ〟という見方は誰にでもできるものではない」

河西俊雄は一瞬でそのセンスを見分けるのが上手かった。それは他のスカウトによれば、ある程度選手を獲って、成功、失敗の経験をしたからこそ見えてくるものだという。口や数字で表せないムードやセンスを見つけることがベテランスカウトの妙味ということになる。

「一番難しいが、もっとも大事なところや」

そのスカウトは言った。

河西が重視したのは、ユニフォームの着こなしだった。彼はグラウンドに行くと、選手のユニフォーム姿を見た。スタイルが悪ければ、どんなに動きがよくてもプロでは通用しない。見た瞬間に相手を圧倒するような威圧感も必要だ。

河西の現役時代は、俊足好打の外野手。南海ホークスでは2番を打ち、昭和21年から23年まで3年連続で盗塁王に輝いている。とくに23年には66盗塁と当時の日本記録を達成している。

「僕は野手出身だから、投手のフォームは何もわからんけど、プレート捌きとか、動作とかぴーんと来るものがあるんや」

それは抽象的な判断材料である。しかし選手の力量は、意外に本人の意識しない箇所に自然に表れる。何気ないキャッチボールにも野手のセンスは表れる。ノックであればグラブ捌きにも表れる。きれいだ、品がある、美しい、しぐさが優雅である、など。

近鉄の名二塁手として活躍した大石大二郎（現福岡ソフトバンクホークスヘッドコーチ）は、亜細亜大学から昭和55年にドラフト2位で近鉄に指名され、入団。体格は１６６センチと小柄だが、新人王、盗塁王４回獲得、本塁打も１４８本も打っている。

河西が大石を2位で獲ると決めたのも一瞬のプレーだった。それは大学の試合で、大石がフライを追う姿に、河西がセンスを感じたからだ。咄嗟《とっさ》に落下点に行ける敏捷性《びんしょうせい》、勘のよさ、判断力。追いかける姿そのものに、他の選手にない輝きがあった。

河西はこうも語った。

「小さい子は小回りが利くし、バネがあるからプレーが小気味いい。山椒《さんしょう》は小粒でもピリリと辛いや」

近鉄担当だった日刊スポーツの記者浅岡真一は、大石の裸を見て驚いた。全身筋肉、筋肉マンの体だった。

「この運動能力を見抜いて2位で指名したとき、カワさんの眼力は凄いと思った」

浅岡はそう回顧する。河西はこう語った。

「目立たないが、センスがあった。プレーにも動きにもアクセントがあった。彼を入団させたときは、スカウト冥利《みょうり》に尽きると思ったね」

浅岡は、大石が活躍するたびに言った。

「おっさん、ええの獲ったなあ」

「そうやろ、ええやろ。よく育ってくれたよ」

河西は目を細めた。

横浜の元スカウトの高松延次もスタイルを大事にする。

「僕も報徳学園の先輩から、〝野球はスタイルだよ〟と言われた。僕らは、〝ばかたれ、野球がスタイルでできるか〟と思っていた。だけどスカウトになって選手を見ていると、ユニフォームの着こなしや、ムード、センス、これが大事なんだとわかった。これをチェックする。なんぼ動きがよくても、スタイルが悪かったら何も身につかん」

広島東洋カープのスカウト部長苑田《そのだ》聡彦《としひこ》は、選手が100人くらい一緒にいても、注目の選手は一目でわかるという。他の選手と輝きが違うのである。その中でももっとも強い輝きがあったのは、現巨人監督の原辰徳である。東海大学のグラウンドを訪れたとき、すぐ感じたという。原は、東海大相模《さがみ》高校時代から、全国に鳴り響く強打者だった。

「きらっと光ったのは原辰徳です。親父さん（原貢《みつぐ》氏）からも、〝お前は上手いこと言うなあ〟と言われたことがあります。スターで実力も兼ね備えたら、ああいうふうに後光がさすようになるのですね。芸能人でも有名人でも、町を歩いたり、電車の中にいれば、ぱっとわかるじゃないですか。そう感じたのは原辰徳だけですね。本当にびっくりしましたもの」

しかしスカウトがこれらの要素を口にしても、フロントに伝わりにくいときもある。

「雰囲気って何だ？」

と聞かれ、必死に説明するが至難の業である。

曰《いわ》く言い難い何かに、その選手が無意識に持っている実力が出ているのである。よく企業の採用担当者は、面接は30秒会っただけで、「いいかどうかわかる」と言うが、根底では通じている。

●もう少しムードを突きつめれば……　阪急・山田久志

戦後の球界では、阪急の丸尾千年次はどのスカウトからも恐れられていた。名前を聞いただけで他のスカウトは震え上がる。豪腕で、何かをやってくるに違いないと思わせるからだ。どの地域に行っても「丸尾の名札が選手のおでこに貼ってある」と言われた。

「大物になる素材には、ムードがある。マウンドに立ったときその周辺に漂うムードを大切にしてきた。口では上手く言えないが、インスピレーションである。それは人を引き付ける。江川卓《すぐる》（後巨人）に惚《ほ》れこんだのもそこだった」

投手は、マウンド上に漂う雰囲気で、「こいつはよくなるだろうな」という感じがするという。そこから足首、膝《ひざ》、腰、肩など細部を見て、次にフォームを見るが、一目見て「ビリッ」と来る投手でないと追うことはない。

そのビリッと来るものの一つが、投球フォームのフィニッシュである。びしっと決まったフィニッシュは見ていて気持ちのよいものだ。それが、絶体絶命のピンチにここぞとばかり決まると、これは明らかにインスピレーションを感じさせる投手である。

野手は骨相である。ここで何かやりそうな顔かどうかが見える。顔つきが引き締まっていれば、性格も締まっている。外野からダッグアウトまで帰って来る姿、ダッグアウトからバットを持って出ていく姿に、この選手は気が強い、弱いと雰囲気が伝わってくるという。もう一つはチャンスに強いかどうかだ。一死満塁に4番打者が立つ。最大の見せ場である。ここであえなく投手ゴロを打って、併殺、チェンジになって好機が潰《つい》える。

「4番打者が満塁のチャンスに投手ゴロを転がすとはいけませんね。日頃どんなに打撃がよくても肝心なときに打てない選手がいる。チャンスに打てるかは天賦の才ですね」

丸尾はそう語っていた。彼も決断の早いスカウトだった。さらに言う。

「魚のいないところに、いくら釣り糸を垂れても仕方がない」

スカウトは、有名な選手を狙うのではなく、無名の選手からスターを探しだすことが醍醐《だいご》味《み》だと語っていた。

阪急ブレーブスの下手投げ投手として活躍した山田久志も無名だった一人だ。昭和50年代の阪急の黄金期のエース。通算284勝、MVP3回、最多勝利3回、最優秀防御率2回、勝率1位4回というタイトルを総なめしたパ・リーグのエースである。

彼は秋田県能代《のしろ》高校で三塁を守っていた。後投手に転向して、社会人野球富士《ふじ》製鐵釜石《せいてつかまいし》（後の新日本製鐵釜石）で野球を続けていた。丸尾は高校時代から山田を見ていたが、体は細く、ひ弱な印象があった。そのため他球団のスカウトの評価は高くなかった。しかし、彼は非常に手首が強かった。体もしなやかで、下半身に粘りがある。

当時の野球部長は「彼は腰を痛めているから、プロで通用するかどうか」と不安を示したが、丸尾は「抜群のセンスの野球選手だ」と高く評価した。下手投げは、盗塁されるという懸念もあったが、山田は牽制《けんせい》も上手い。全国的には知られていなかったが、山田をドラフト1位で指名し、入団させることに成功した。

当時は自由競争時代である。いつ何時契約しても咎《とが》められなかった。地方の選手と交渉に行くとき、丸尾はすぐに郵便ポストの場所を確かめた。

選手と契約しても、契約書が日本野球機構の事務所に届かなければ無効になる。ある選手は、丸尾が到着する2時間前に他球団と契約を済ませていた。そこから彼は交渉で一歩も引かず、忽《たちま》ち契約に漕《こ》ぎ着けた。すぐに速達で機構の事務所に契約書を送ると、先に契約した球団よりも先に着いたのだ。その選手は阪急に入団することになった。

自由競争時代に生きたスカウトは、眼力も行動力も常人とは違っていた。

【人を見抜くポイント】その5

人間の品性、才能、将来性は、曰く言い難い表現に表されることが多い。投球フォームのフィニッシュの美しさ、野手では顔が引き締まっていたりと、具体的な姿に行きつく。ベテランスカウトはそこに気づく眼力を持っている。

第3章　足で稼いだ仕事に〝無駄〟はない

現在のスカウティングは、地方に足を運ばなくても選手の情報が入ってくる。何キロで投げるか、試合の成績はどうか、マスコミやインターネットなどの情報網の発達で可能になった。しかし〝足を使った活動〟が大事であることは今も変わりはない。現地に行って、初めて見えてくるものはある。足を使ったスカウティングは、今も昔もスカウトの生命線である。

●掘り出しものが見つかるとき①　阪急・米田哲也

千葉ロッテマリーンズでチーフスカウトを務める永野吉成は「スカウトはどれだけ無駄を重ねるかが大事ですよ」と語っている。彼は、ロッテ、横浜で中継ぎ投手として活躍し、平成10年から古巣でスカウトになった。永野は言う。

「スカウトの仕事は無駄をたくさんすることで、上手《うま》くなる気がします。いい選手のところだけ行っていれば、確かにいいものは見えますけど、見る範囲の底辺は広がらないですね。

巨人の堀内恒夫《つねお》さんが、野球は無駄な練習をいかにたくさんやるかが、上手くなる近道だと言っていましたけど、それと同じなのですよ」

彼はパ・リーグの最優秀中継ぎ投手（平成20年）になった川﨑雄介《かわさきゆうすけ》や、平成19年に20ホールド、同20年に30セーブ、防御率2．45を残した荻野忠寛《おぎのただひろ》、平成23年に12勝6敗を挙げてエースとなった唐川侑己《からかわゆうき》、将来のエース候補である大嶺祐太《おおみねゆうた》、打者では平成18年にプロ1号、2号を史上初の連続満塁弾で飾った青野毅《たけし》などのスカウトを担当した。

「どれだけ無駄を重ねて、その中から金を探すかなんですね。砂を拾って来て、砂金を探すみたいなものです。どれだけ無駄をする体力があるかが大事なのです」

永野の言うように一見無駄足と思われる作業から、どれほどの有望な選手が発掘されたことだろうか。何より足を使うことは体力的にも辛《つら》い作業だ。しかし、これほど実りをもたらしてくれる方法は他にはない。

選手との出会いは、いつ何どき起こるかわからない。

阪急の丸尾千年次、初期の功績は、300勝投手となった米田哲也を獲得したことである。昭和31年に阪急に入団し、MVP1回、最多勝1回、防御率1位1回、通算成績の350勝は金田正一《まさいち》の400勝に次ぐ、歴代2位の勝ち星だ。ガソリンタンクと呼ばれたタフさが彼の身上であった。

米田は鳥取県の境港《さかいみなと》市の境高校で投手をやっていた。だが甲子園にも出ておらず無名の存在だった。鳥取は、阪神タイガースの地盤であり、ファンも多い。だが丸尾はあえて足を踏み込んだ。昭和30年2月だった。

同じ県の米子東高校の左腕、義原武敏《よしはらたけとし》（後巨人）を見るためである。山陰地方屈指の投手で、甲子園にも出場している。お目当ての選手で投球練習を見たが、体も170センチ弱と大きくはなく「ピンとこなかった」という。「無駄足か」とグラウンドを後にしたとき、鳥取県の知人から連絡が入った。彼はどの地方にも知人を作り、選手の情報を得ていたのである。

「境高校にやたらに球の速い投手がいる」

丸尾は小雪の舞う中、すぐに境高校へ足を運んだ。境高校は名門校ではないから、港の台場跡にグラウンドを作っていた。指導者はおらず、選手だけで練習を行う。その中で一人だけずば抜けて体の大きい選手が、バランスのいいフォームで投球をしていた。米田と気づかず、社会人の選手が交じっていると思ったという。丸尾も現役時代は本格派の投手だった。

「いいフォームだから、誰かに言われても変えるんじゃないぞ」

彼は声をかけた。このとき投手が米田だと分かった。彼の身長は180センチ。丸尾はその場で獲得を決めると、その夜に米田の両親に会って、挨拶《あいさつ》を済ませた。知名度のない球団は、まず他球団よりも先に動き、獲得を決め、本人、家族、関係者と接触するのが最善の方法である。地元で他球団が義原争奪戦を繰り広げていたが、丸尾は関心を示すことなく、米田の獲得に力を入れた。

5月になると米田の存在は他球団にも知られ、地盤である阪神タイガースが巻き返しを図ったが、すでに丸尾は米田のハートを摑《つか》んでいた。米田は阪急に入団し、1年目から活躍し、エースとなった。

当時のプロ野球は、地方ごとに球団の縄張りのようなものがあり、特定の球団がその土地の有力者、学校関係者、球界関係者を握っていた。そのため、他球団の縄張りである土地から選手を獲得するのは困難だった。

丸尾はこう語っていた。

「私は他球団のスカウトが行かないところに誰よりも早く足を運んで、土地の人から話を聞き、有力者に顔を繋《つな》ぎ、2年も3年も前から本人や家族と接触して約束を取ったのです。そのためには、早くから〝この選手を獲《と》るんだ〟という決断が大事でした」

即決して獲った米田は350勝、先に見た義原も巨人で主力投手になったが、通算成績は33勝。丸尾が大投手と出会えたのは、彼の足を使った仕事の成果によるものだった。

●掘り出しものが見つかるとき② ヤクルト・高津臣吾、尾花高夫

お目当ての選手を見に行ったら、対戦相手の選手がもっとよかったというケースがある。その選手がタイトルホルダーになったとしたら、スカウト冥利《みょうり》に尽きる。砂の中からダイヤモンドを探す作業だが、靴底を減らして歩き回るスカウトに幸運の女神はほほ笑むようだ。

ヤクルトスワローズ（現東京ヤクルトスワローズ）でサイドスローの抑えとして活躍したのが高津臣吾《しんご》である。最優秀救援投手を4回受賞、後メジャー・リーグのホワイトソックスにも籍を置き、日米通算300セーブ（史上2人目）を達成した。

高津は、亜細亜大学時代は、エースの小池秀郎《ひでお》（後近鉄）に次ぐ二番手の投手。小池は大学球界ナンバーワン、一方高津はそれほど注目もされていなかった。

平成2年のドラフト会議は小池に8球団が競合し、ロッテが交渉権を獲得した（この年入団拒否）。そのとき高津はヤクルトにドラフト3位で入団している。ヤクルトのスカウト片岡宏雄《ひろお》は小池を見に行ったが、隣で投げている高津に目が留まった。サイドスローという変則タイプで、球持ちがよく、球にはキレがあった。球持ちがよいというのは、投げる寸前まで球を持っていられることである。相手打者にとってはタイミングが取りづらい。横手投げの投手は、球離れは早いのが常だが、彼は逆だった。

当時のヤクルトには宮本賢治《けんじ》というアンダースローの投手がいたが、力が衰えていた。片岡は言う。

「高津のように横から放る投手というのは、そんなにチームにいません。だから一人くらいはいたほうがいいと思いました。チームに下手・横手投げの投手が途切れないためにも、獲っておきたかったのですね」

この年、ヤクルトは1位指名に、亜細亜大の小池を持ってきたが、抽選で敗《やぶ》れた。外れ1位があるから、指名候補選手が繰り上がる。そこで片岡は、高津を3位で指名したいと主張した。穴場に勝負を賭《か》けたのである。

「自分の眼に自信があれば、主張すべきです。自分の眼を信じられなくなったらスカウトを辞めればいい。スピードガンを持っているだけならスカウトはいらない」

片岡はフロントを説得し、高津の3位指名が決まった。その賭けは当たった。高津はプロ入り後、シンカーを覚えて球界を代表するリリーバーになった。

もう一人は、ヤクルトのエースになった尾花髙夫《おばなたかお》である。

昭和52年春、片岡は新日鐵堺《さかい》のグラウンドへ行った。このときの目当ては捕手の中出《なかで》謙二《けんじ》（後南海）である。だが、このレベルではプロで通用しないと彼の目に映った。新日鐵堺の監督と雑談をしているときに、練習の終わった無人のグラウンドをひたすら走り続けていた選手がいた。それが尾花だった。だが体は細く、球にも力はない。

監督の話からわかったのは、練習好きが高じて、いつも夕食の時間に遅れること、遠征に行ったとき、皆帰りのバスに乗っていても尾花だけはグラウンドを走り続けて、バスが出発できないことがあるということだった。片岡は、ひたすら走る尾花のシルエットが気になって、翌日、試合を見に行った。

一球一球を丁寧に投げる真面目な姿勢が目に焼きついた。

「球のスピードはないけど、制球力もいい。それに球離れが遅い。打者はコース、球種の見分けがしにくい」

ヤクルトは尾花をドラフト4位で指名した。彼はエースとなり、通算14年で112勝を挙げた。引退後はロッテ、ヤクルト、ダイエー（後ソフトバンク）、巨人で投手コーチを務め、その指導力の高さには定評があった。後に、横浜ベイスターズの監督を務めた。

意外な出会いから最多勝投手が生まれるときもある。

日本ハムのスカウト三沢《みさわ》今朝治《けさはる》は、現役時代、東映フライヤーズ（現北海道日本ハムファイターズ）では、代打で活躍。昭和44年には、「1シーズン代打安打26」の日本記録（当時）を達成した。これは現在でもパ・リーグ記録である。昭和50年からスカウトを務め、後に北海道日本ハムでスカウト部長やチーム統括本部長、球団社長補佐を歴任した。

三沢は、千葉県大会にお目当ての選手がいる試合を見に出かけたが、早く着いたので、前の試合も見ることにした。そこに178センチと決して大柄ではなく、球も速くないが、コントロールがよくキレのある球を投げる投手がいた。松浦宏明《ひろあき》という選手だった。三沢は惹《ひ》かれるものを感じ、試合後に練習も見に行き、実力を確信した。その後、彼のドラフト外での獲得を決めた。彼は入団3年目（昭和62年）から8勝を挙げて頭角を現すと、4年目に、15勝5敗4セーブ、防御率2．76を挙げて、最多勝のタイトルを獲得した。まったく偶然の産物だった。

三沢がドラフト外で獲得した選手の多くがタイトルホルダーになっている。あけぼの通商からドラフト外で入団した島田誠《まこと》もそうである。ベストナイン2回、ゴールデングラブ賞6回を受賞した外野手である。島田は168センチと小柄だったが、俊足で入団3年目に55盗塁を記録して、福本豊の盗塁王を脅かす存在になった。

もう一人が東海大相模高校の投手岡部憲章《のりあき》である。当時の東海大相模は、原辰徳、津末英明《つすえひであき》の強打者と、エースの村中秀人《ひでと》がいた最強の布陣で、毎年春、夏の甲子園大会を沸かせていた。その控え投手が岡部だった。コントロールが悪く、彼は2年生の選抜大会で1イニングしか投げていない。ちょうど三沢が高校のブルペンを見に行ったとき、岡部が投げていた。183センチ、84キロと体格は申し分ない。高校生としても力のある球を投げている。目に留まったのは、縦のカーブだった。ブレーキが掛かってよく曲がる。ただ曲がり過ぎてベースの手前で落ちてしまった。だが本人は何としてもプロに入りたいという。

三沢は何度か練習を見に行ったが、岡部の「何としてもプロに行く」という必死の形相に心を打たれた。岡部は昭和52年ドラフト外で入団し、入団5年目に13勝2敗、防御率2.70を挙げて、最優秀防御率のタイトルに輝いた。

「コントロールの悪かった投手が防御率1位とは驚きましたが、これは本人の頑張りですね。ドラフト外で入った3人があれだけ活躍してくれると、スカウト冥利に尽きますね」

岡部のように控え投手に目が行くというケースは時々ある。ある地方にいい投手がいると聞き、見に行く。だが当人より、二番手、三番手の投手が目につくことがある。

「やっぱりスカウトは、犬も歩けば棒に当たるじゃないですが、足を運んで行けばそういう選手に当たりますね。情報を貰《もら》って見に行くのではなくて、いい方向に導いてくれる信念を持って見に行くことです。その努力は無駄になりません。神様がいいものを与えてくださると思うのです」

【人を見抜くポイント】その6
エースの隣に、掘り出しものの投手がいることもある。お目当ての選手の傍に、最高の出会いがあることも。費用、時間の無駄を厭《いと》わず、地方を歩くことで、掘り出しものに出会う

可能性は高まるのだ。

●固定観念を捨てると最大の掘り出しものと出会う　オリックス・イチロー

メジャー・リーグでも年間最多の262安打（2004年）を記録し、MVP、首位打者2回と日本人メジャーリーガーで最高の成績を残したのがイチローである。もちろん日本球界時代も、MVP3回、首位打者7回などタイトルを数え上げたらきりがない。

イチローは愛工大名電高校時代に2度甲子園大会に出場。2年生の夏の大会ではレフト、3年の春は投手として出ているが、ともに初戦で敗退した。投手イチローは松商学園に10安打を浴びた。あるスカウトは、「投手としては粘りが無かった。球離れが早くてね、野手が投げているみたいなんだ」と語っている。

イチローは打者としても3番を打ったが、5打席ノーヒットだった。三振も一つしている。3年の夏の大会では、県大会決勝で敗れて、甲子園に姿を見せることはなかった。ただし、夏の県予選での打率は7割5分もあった。

多くのスカウトは投手としてイチローを見ていたから、見切りをつけて去って行った。しかし、その中でも何人かのスカウトはイチローの打撃センスに光るものを感じていた。

その一人がオリックス・ブルーウェーブ（現オリックス・バファローズ）のスカウト三輪《みわ》

田勝利《たかつとし》だった。三輪田は、イチローが高校2年のときに、甲子園大会で初めて見て、バットコントロールのよさに舌を巻いた。彼が3年のときの選抜大会も見た。やはり体の線が細く、力不足の印象は否めなかったが、初夏に愛工大名電高校のグラウンドを訪れたとき、評価が一変した。パワーアップしていたからである。バットのヘッドスピード、手首の返しのよさも格段に巧《うま》くなっていた。これはプロで通用すると三輪田は判断した。

イチローは、夏の県予選で熱田《あつた》球場のライト場外へ本塁打も打った。打撃のパワーも実証済みだ。オリックスはイチローを平成3年のドラフト会議で4位指名し、入団させた。もちろん即戦力としてではなく、3、4年後出てくれればという将来性を買った評価である。

三輪田がイチローを追いかけている中、もう一人のベテランスカウトがイチローに密《ひそ》かに注目していた。日本ハムのスカウト三沢今朝治である。

三沢は、イチローが3年時の選抜大会で初めてプレーを見た。じつは愛工大名電高と対戦していた松商学園は、三沢の母校だったのだ。三沢は松商学園のエース上田佳範《よしのり》を獲ろうと思っていた。上田はこの大会3試合連続完封で、松商学園は準優勝している（この年ドラフト1位で日本ハムに入団）。

この試合、イチローは上田にノーヒットに抑えられたが、三沢はスカウトの直感で、彼の打撃に目が留まった。

「イチローの打撃に、なんか惹かれるものがあったのです」

三沢は、甲子園大会が終わると、東京に戻らず、途中の名古屋で降りて、イチローの練習を見に行った。高校の監督と話してみると、「チーム事情で投手をやらせてはいるが野手のほうがいい」という返事だった。10本フリーバッティングを打てば、9本は確実に芯《しん》でとらえている。難しい内角の球をインサイドアウトで引きつけて打つ技術も持っていた。

三沢は選手を見るとき、真正面だけでなく、横、後ろから角度を変えて見るようにしていた。横からイチローのボールを捉《とら》えるポイントやバットの出方を見た。非常にスムーズだった。後ろから見ると、バットと腕が一本の線になっていた。素晴らしい打撃センスをしている、と三沢は思った。守備でも、肩はよく、足も速いからショートを守らせればいいと考えた。実際に監督に頼んで、ショートを守らせ、ノックを受けさせてみたら、動きもよい。

そこから三沢のイチロー詣《もう》でが始まった。

「インサイドもアウトサイドも広角に打てる。これは凄《すご》いなと思いました。体が細くて、ひ弱さみたいなものはあったんですが、リストが強いから、飛距離も出るんです」

三沢も熱田球場の場外本塁打を見ていた一人だ。彼はイチローを2位で指名したかった。だが、ここから各球団のドラフト戦略に影響される。

スカウト会議で1位は高校生の上田佳範に決まった。彼は投手だが打撃もよかった。2位は即戦力の内野手、同志社大学の片岡篤史《あつし》。彼は左打者である。そうなると1位、2位も左打者になってしまい、イチローを3位で指名すれば、左打者が3人も続いてしまう。バランスの問題もあり、イチローの指名順位は下位に下がったのだ。その間にイチローはオリックスに4位指名されてしまった。

しかし、イチローが4巡目まで指名されずに残っていたのは、彼の素材に注目したのが三沢と三輪田の二人しかいなかった、ということだ。

隠れた逸材はどこにいるか。投手ではなく打者という視点から見るスカウトがいたから、不世出の打者が誕生したとも言える。もし投手として見ていたら、一地方の高校生選手というレベルで埋もれていたに違いない。結局、原石を生かすも殺すもスカウトの眼力である。

【人を見抜くポイント】その7

選手を別の視点から見ると、新たな才能が見えてくる。打者であれば、ネット裏から見るだけでなく、前後左右すべての角度で技術をチェックする。イチローがそうだった。人を判断するとき、別の角度から見れば、隠れていた大器の片鱗《へんりん》が現れることがある。

●現場に行くと本当の凄さが見えてくる　オリックス・T-岡田

オリックス・バファローズで本塁打王（平成22年）に輝いたT-岡田（岡田貴弘《たかひろ》）のパンチ力の凄さは中学時代から伝説として知れ渡っていた。大阪府の履正社《りせいしゃ》高校時代55本塁打を記録した長距離打者である。入団して4年間は成績を残せなかったが、平成22年に右足をステップさせない「ノーステップ打法」を取り入れると、広角に本塁打を打つことができるようになった。その年、4番に座ると、6月から本塁打を量産し、本塁打33本、打点96、打率.284を残し、本塁打王、月間MVP、ベストナインなど数々の賞を受けた。彼に高校時代から注目したのは、オリックスのスカウト・グループ部長だった堀井和人である。

この年の大阪には、岡田の他に近畿大学附属高の鶴直人《つるなおと》（後阪神）、大阪桐蔭高校の辻内崇伸《つじうちたかのぶ》（後巨人）、平田良介《りょうすけ》（後中日）がおり、岡田も入れて「浪速《なにわ》の四天王」と呼ばれた。もちろん、岡田は多くの球団がマークしていたが、堀井は他球団よりも一足早く、彼が1年生の秋にプレーを見ていた。堀井が、電車に乗っていたとき、乗客の会話から、岡田の話が出たのを聞いたからだった。

「履正社の岡田ってなあ、中学時代に、場外本塁打打って、球場の上にある高速道路にぶち当てたそうや」

伝説は通常、オーバーに語られる。小さい球場で高速道路も近くだったかもしれない。しかし、耳にした堀井は、岡田が打った球場に足を運んで、実際の飛距離を確認した。広い球場のセンターのはるか後方に高速道路がある。推定飛距離は150メートルあった。

その伝説は嘘ではなかった。このとき堀井は、岡田の秘めた力を確信した。

実際に岡田の打撃を見ると、バットを操る手の動きが自在である。柔らかいリストがあるから可能なのである。リストの柔らかさは天性のものだ。

2年の夏の大阪大会では2試合で5打席連続敬遠された。にもかかわらず、5試合で5本の本塁打を打っている。

「凄いパワーしてるなと思った」

堀井の実感である。日本人離れしたパワーは、外国人打者に匹敵するものだった。岡田が伸びてくれれば、チームで軸になれる選手だ。ただ彼は大人しい性格である。勝負の世界では悔しさ、闘争心を表に出すガッツが必要だ。岡田はそれほど悔しさが表情に出ない。この点をクリアできれば、岡田は間違いなく大成する、と予想した。

このとき堀井は、岡田をドラフト1位に推薦した。だが球団の上層部は、「高校生が本塁打を打つと言っても、外国人には敵《かな》わない。1年に20本も打てない」と上位指名に消極的だった。だが堀井には、彼の中学時代のパワーを見て、間違いなく行ける、という確信があった。

「社長、30本は打てますよ」

堀井の意見が通り、岡田は1位指名された。

彼が入団して、初めての春季キャンプのときである。コーチの藤井康雄《やすお》が岡田を見て驚き、第一声を上げた。

「何ですか、このパワーの凄さは？」

その藤井の目の輝きを、堀井は忘れていない。

「これは頼むで、と言ったんや。弱い気持ちがあったから、一軍に出るまで時間がかかったんです。凡打すると、シュンとして下向きながらベンチに戻っていたのです。それが本塁打王を獲った年には、悔しそうな顔が出るようになりました。相手を睨《にら》みつけるようにもなりました。これを見て、しめた、変わりよったなと思ったんです」

相手の攻め方も厳しくなっているから、その後岡田は伸び悩んでいるものの、さらに研究を積めば、もっと上の壁を越えられると堀井は見ている。

日本ハム（後北海道日本ハム）、巨人で主砲を務め、2000本安打を達成した小笠原道大《おがさわらみちひろ》もスカウトの眼によって、実力を認められた一人である。「魂のフルスイング」と呼ばれるように思い切りのよい打撃は魅力的だ。彼は平成8年ドラフト3位で日本ハムファイターズに入団し、以後MVP2回、首位打者2回、最多安打2回、本塁打王、打点王のタイトルを獲得した。しかし高校時代の彼は無名だった。

千葉県の暁星国際高校時代は捕手で、甲子園には出ていない。本塁打はゼロ。卒業後、社会人野球のNTT関東（現NTT東日本）に進み、新日鐵君津《きみつ》の補強選手として、都市対抗野球に出場し、ベスト8に残った。

このとき、日本ハムの関東地区担当のスカウト田中幸雄《ゆきお》は、小笠原に早くから目をつけていた。打撃にパンチ力があるのが大きな魅力だった。中日も小笠原を追っていたが、腰を痛めていたという情報が入り、中日は獲得を諦《あきら》めた。田中は、1年様子を見ることにした。田中はNTT関東の前身である電電関東の出身で、小笠原は後輩に当たる。

「腰はいい状態ではなかったと聞いていましたが、打撃にいいものを持っていたので、1年間様子を見ることにしました」

社会人野球は金属バットを使う。そのためロングヒッターと呼ばれても、プロの木製バットに合わず失敗する例がある。

新日鐵君津の松中信彦がそうだった。彼もアトランタオリンピックでは4番を打ち、5本塁打を打ったが、プロ入りすると木製バットへの対応に苦しみ、頭角を現すまで2年かかった。

金属バットはよく飛ぶから、選手の打撃フォームから、木製バットでも対応できるか推測しなければならない。それを見極めるのは松中の例にもあるように簡単ではない。一番いい方法は、実際に木製バットを振っている試合を見ることだ。田中は社会人野球でも木製バットを使う試合があることを知った。それは大学生相手のオープン戦である。木製バットを使う打撃を見ることは何にもまして説得力がある。

「小笠原は、木のバットを使っても凄かったのですね。横浜スタジアムでも目いっぱい振って、場外に本塁打を打ちました。バットのヘッドの重みを上手く使っており、それが木でも対応できていたのです」

大学生相手だからレベルは落ちるとは言え、木のバットでの打率は5割近くあった。スイングも速い。それに思い切りもよかった。日本ハムは、1年後、彼をドラフト3位で指名した。ほぼ一本釣りの形だった。

他球団の多くは、小笠原を捕手として見ていた。彼はスローイングのモーションが大きく、捕手としての魅力には欠けていた。それがスカウトの去った理由だった。だが日本ハムは彼を内野手として活《い》かしたいと考えていた。そうすれば、即戦力の強打者として活躍できる筈《はず》だと読んだからだ。入団してからの小笠原の努力は凄《すさ》まじかった。左手人差し指を骨折したままで打席に立ち、本塁打を放つなど、闘争心溢《あふ》れる姿から「ガッツ」と呼ばれるようになる。サムライを彷彿《ほうふつ》させる野球道一筋の選手である。

「社会人選手は即戦力ですから、故障で出られないでは話になりませんので、1年様子を見ましたが、レギュラーを獲れると思いました。でも後に5億円貰える選手になるとは思っていませんでした」

田中はそう語るが、小笠原の才能の原石を見出した眼は確かなものだった。

もう一つ記す事例は、周囲のスカウトの評価を鵜呑《うの》みにしないという教訓である。自分の眼で確かめることの重要さである。横浜ベイスターズの元スカウト高松延次は、平成10年に横浜ベイスターズが日本一になったときにスカウト部長を務めており、多くの中心選手の獲得に携わったので、「横浜マシンガン打線の生みの親」とも呼ばれている。

彼は昭和42年から平成16年まで横浜（大洋時代も含む）のスカウトを務めていた。

昭和51年のドラフト会議の注目株は、大阪商業大学のエース斉藤明雄（現千葉ロッテ投手コーチ）であった。関西六大学リーグでは30勝17敗、防御率1．70、奪三振は324個、MVPは2回受賞と怪腕であった。とくに184センチの長身から投げ下ろす速球は角度もあって、各球団のスカウトは即戦力の投手として試合のたびに彼を追いかけていた。

だが高松は違った見方をしていた。球場のスタンドで斉藤の投球を見ていても特に光るものを感じなかったのである。球が速くもなく、球威もあるように見えない。だが打者は凡退を繰り返している。

「なんで大学生はあの程度の球を打てないんやろ。大した球ではないのになあ」

高松はそう呟《つぶや》いた。しかしこの年の〝いの一番〟の選手は斉藤である。高松は、どうしても斉藤の凄さを信じられなかったので、自分の眼で判断しようと考えた。高松は報徳学園で捕手、大洋でも捕手を務めた。彼は自分の長所を最大限に活かそうと考えた。

高松が向かったのは、大学のグラウンドである。このときに斉藤はバックネットのある投球練習場で投げていた。彼は、捕手に頼んで、捕手の真後ろから斉藤の球を見た。高松が捕手になって、斉藤の球を受ける角度から見る格好になる。ここで斉藤の凄さを実感した。捕手までの距離は約18メートルなのに、彼が10メートルの近さから投げているような威圧感があった。しかも長身だから、球に角度がある。これでは大学生が打てないわけだ。

「やはり捕手の後ろで見たら、違いましたね。10メートルから、一気に投げるように見えました。それ以来、僕は練習を絶対に見に行くことにしたのです。いいと思った選手、欲しいと思った選手は、試合だけじゃなくて、練習を見るのです。客席からは見えない特徴に気づくことができるのです」

斉藤は、昭和52年に大洋に入団すると、新人王を獲得。2年目は16勝を挙げ、一躍エースとなると、3年連続二桁《けた》勝利。後にストッパーに転向して、昭和57年には8試合連続セーブの日本記録（当時）を達成、最優秀防御率のタイトルを獲得。その後、最優秀救援投手にも2回輝き、史上３人目の通算１００勝１００セーブを達成した。

【人を見抜くポイント】その8

他人の評価を鵜呑みにせずに、自分の眼で判断してみよう。実際に現場に足を運ぶことで、データや噂に表れない本物の姿が見えてくる。そこでは、捕手の位置から投手を見るように、自分の得意分野を使った独特の見方が必要になる。

第4章　データに表れない才能を見つける

現在のスカウトの報告書は、細部まで点数化していく作業だ。それをレポート用紙何枚にもわたって、推薦する理由、しない理由を書く。すべてが数値となって表れるから、スカウトが長年かけて培った眼力も入って来る余地はない。数字は客観性があるが、それだけで人を見抜くことはできない。ベテランスカウトの独特の見方に触れると、数字の盲点を突いた鋭い鑑識眼があることに驚かされる。

●アクセントのある選手を獲れ　近鉄・大村直之、阪神・赤星憲広

昔から、どのスカウトもスカウト手帳を持っている。かつてはおおざっぱな印象を自分で書き込むものだったのが、今では球団の方針で評価報告書に近い手帳が一律支給される。打者であれば「ミート力」「パンチ力」「タイミングの取り方」「変化球対応」「スイング」などの項目が並んでいる。ここに「S」「A」「B」「C」とランクを書き込む。これらを家に帰ってパソコンに打ち込み、総合評定を作成する。あるベテランスカウトが「もう情報屋。今のスカウトはサラリーマンですよ」と揶揄《やゆ》する。

もう一人のスカウトは言った。

「ドラフト制度ができる前は、スカウトの世界は戦国時代でした。〝あいつ何考えているのかわからん〟というスカウトがうようよしていました。そんなスカウトが姿を見せると、我々は震え上がったもんです。ウチだけ見逃した選手がいるんじゃないかと不安になりました。それに比べれば、現在は江戸時代、まったく平穏です」

かつて自由競争時代のスカウトは、生きるか死ぬかの思いをして選手を獲得した。契約金も年俸も上限のない時代。いつでも本人に接触も可能だった。ある有望選手が寝ている部屋に、当時の金額で400万円の大金が新聞紙にくるまれて置かれていたこともある。大学時代複数の球団から小遣いを貰《もら》い続けた選手は、もっとも待遇のよい球団に入団を決めた。その球団から貰った大金で、小遣いをくれた球団に返金したという者もいた。

数年前問題になった某球団の栄養費の問題など比較にもならない無法ぶりである。生き馬の目を抜く世界。それだけに、この時代を生き抜いたスカウトは猛者《もさ》だった。

近鉄時代の河西俊雄は、「アクセントのある選手を獲《と》れ」、がモットーだった。甲子園で好成績を挙げる投手はよくまとまった選手が多い。河西はそのような選手を好まない。そこに

「えぐるような、えげつないシュート」があれば伸び代もあって、評価の対象になる。それがアクセントである。

近鉄、ソフトバンク、オリックスで、俊足、好打、好守の外野手として活躍した大村直之《なおゆき》がそうである。平成5年、育英高校時代に甲子園で全国優勝した経験があるが、身長は173センチとプロとしては小柄である。ただ守備はよかった。打球勘がよく落下点に行くのが速い。肩も強く足も速い。打撃は弱かったが、全身野球センスの塊だった。しかも左打者である。育て方がよければ、いい打者になるかもしれないとスカウトは思った。

大村のアクセントは、「足の速さ」だった。もう一つは、性格の強さだった。闘争心が顔に出る。ベンチでは常にバットを持っているという努力家でもある。近鉄は大村を3位に指名した。彼はプロ入り後、コンパクトなスイングを身につけて、プロ通算1865安打を記録した。ベストナインは2回、ゴールデングラブ賞は3回受賞。平成10年、11年にはイチローよりも内野安打が多かった。足が活《い》きたのである。

アクセントという意味で最大の象徴になった選手は、近鉄の捕手だった的山哲也《てつや》である。アマ時代の彼は膝《ひざ》の動きも硬く、パスボールが多かった。ただし遠投させれば120メートルは軽く投げる。盗塁を許したことは殆《ほとん》どなかった。彼は新日鐵広畑を経て、平成5年にドラフト４位で近鉄に入団した。

実働15年間の的山の平均打率は．２０６、出場試合数は１０２６試合である。ある監督は彼の打撃について「彼のバットには芯《しん》がない」と冗談を言ったという。１年間を通してレギュラーとして出場したのは、４年ほど。だがその後近鉄からオリックス、ソフトバンクと３球団でプロの一軍に在籍できたのは、とてつもない肩の強さがあったからだ。

当時の近鉄のスカウト、堀井和人は言う。

「彼の肩はずば抜けとった。高校のときから、肩だけは抜け出ていた。打撃は悪い、足も並。だけど、あの強肩でプロで飯が食えた。やはり財産や。他のものがそこそこでも一つの技量が抜け出ていればプロ野球で通じるということでしょう」

的山の盗塁阻止率は常にリーグトップクラス。その強肩はリーグトップと言われた。リードも上手《うま》く、どのチームでも彼の力は重宝された。

あるベテランスカウトは言う。

「足はそこそこ、打撃もそこそこ、守備もそこそこだったら、使い道がないわけです。それがアクセントのない選手なのです。だけど一つ抜け出たものがあればプロで使える。バカ肩、バカ足のようにね」

アクセントの中でもっとも重視されるのが、肩と足である。打撃と守備はプロに入れば鍛えられて上手くなる。だが、肩と足はそうはいかない。

「足と肩がいいともの凄《すご》く使いやすいんです。この二つは先天的なもので、変えられない」

例えば、足だけが抜きんでて速かった、という選手で大成した事例は意外に多い。オリックスに森山周《まこと》という左打ちの内野手がいた（現在は東北楽天イーグルス）。外野も守れる器用さもあった。彼の武器は足である。50メートルは5秒5、一塁まで3秒7で走る俊足。ヤマハ時代は打撃は弱かった。しかしオリックスに平成17年にドラフト4位で指名され、プロ入り。打撃にもしぶとさが加わり、スタメンでも出場するようになった。足を活かすため、ヒットの半分近くが左方向に飛ぶ。平成22年には規定打席には不足したが、打率．331を残している。足というアクセントを活かすことで、プロで生き残っていくことができたのだった。

元阪神の赤星憲広《あかほしのりひろ》もそうである。彼は亜細亜大学では注目される選手だったが、170センチ、66キロという体の小ささを指摘されて、多くの球団は指名を見送った。赤星はJR東日本に進んで野球を続けた。平成12年のドラフト会議で、阪神監督の野村克也《かつや》は指名を主張し、4位に指名した。多くのスカウトは「足だけしかない」と見送ったが、野村は「足が速ければ、同点9回のここぞという場面で代走に使うことができる」と自説を曲げなかった。

プロ入り後、当初はゴロを転がす打撃が多かったが、後に、体の近くまでボールを呼び込み、体全体の力をインパクトの瞬間にぶつける打撃を習得した。赤星は、新人王と盗塁王をダブル受賞、以降5年連続で盗塁王、ベストナインも2回、ゴールデングラブ賞も6回受賞。打率も常時3割前後をマークするようになった。彼が、プロで一軍に行けたのは足のお陰だった。

金太郎《きんたろう》飴《あめ》のようにどこを切っても同じ図柄は、その人なりの顔がない。河西もよく語っていた。

「特徴のない選手は大きく育つ要素がなく、枝葉でしかない。だからドラフトの上位には挙げない」

だが特技を持った選手には、その人なりの顔がある。その顔が、アクセントである。そして彼らは掘り出しものとして、チームに重宝された。

【人を見抜くポイント】その9

平均的な技量を持つより、欠点はあっても他人よりずば抜けた特技のある選手がプロの世界では生き残っていける。これをアクセントのある選手と言う。個性的だが、組織には得がたい選手、それが掘り出しものである。

●数字で測れない球の速さと、野球足が存在する　近鉄・高村祐

今の野球界はデータ重視。スピードを計測する機械も発達しているから、選手すべてのプレーが数字で表される。投手であれば、球速のマックスは140キロ出たか、とか、野手であれば、打ってから一塁まで到達するのに何秒で走るか、といった点である。

だがベテランスカウトたちが活躍した時代に、スピードガンはなかった。頼りになるのは自分の眼だけ。そのため彼らは、スピードガンができてからも、独自の基準で判断し続けた。河西俊雄は選手を見に行くときに、スピードガンやストップウォッチを持って行かなかった。部下のスカウトに持たせるが、数字は参考にするだけだった。投手であれば、球のキレを注視していた。

「150キロ出ていても、140キロのほうがええ奴がいる。キレがようけある奴もいる」

球のキレはスピードガンでは測れない。速くなくても打たれない球を投げれば、それで合格と考えるスカウトもいる。

「投手にとって大事なのは投げ方。先にスピードありきではない」

いい投げ方をしていると、入団後、力がつけば自然に速度も出るようになるからだ。

河西は、投手であれば、柔らかい肘《ひじ》の使い方をする選手が好きだった。近鉄でエースを務

めた高村祐《ひろし》がそうだった。平成3年、彼は法政大学のエースで、大学通算13勝を挙げていた。もう一人の注目株は駒澤《こまざわ》大学のエース若田部《わかたべ》健一である。大学通算18勝。3年生の秋の試合で1試合17奪三振（リーグ新記録）を挙げた右腕である。二人には多くの球団が注目していたが、高村は4年生になると故障で調子を崩し、投げていなかった。当然、殆どの球団が彼の許《もと》から去って行った。その最中《さなか》、秋のリーグ戦で高村がマウンドに上がった。河西は球場で高村の投球を見ていた。見たのは1イニングである。じつに柔らかい肘の使い方をしていた。河西の眼が光った。この肘があれば、今悪くてもプロで活躍できる筈《はず》だ。

「これや、これで行こう！」

河西は即決した。他球団はノーマーク。近鉄は若田部に背を向けて高村一本に絞った。平成3年のドラフト会議では、若田部にはダイエー、巨人、広島、西武の4球団が1位指名し、競合の末、ダイエーが交渉権を得て入団させた。だが高村には競合する球団は無く、近鉄が一本釣りで入団させることができた。

ドラフト会議前に、高村の投球をビデオで観た監督の仰木彬《おうぎあきら》は、「本当にこれだけの投手が単独指名できるのか。よく今まで残っていたものだ」と驚いた。近鉄にとっては「人気を捨てて実を獲る」戦法だった。高村は1年目、13勝を挙げて新人王を獲得。若田部も10勝を挙げたが、タイトル争いは高村が凱歌《がいか》を揚げた。以後、高村は主力投手として投げ続け、通算83勝を残した。若田部は通算71勝だから、高村が上回ったことになる。

河西は、選手の脚力を見るとき、こう語った。

「よーい、ドンでストップウォッチで測るより、野球足というもんがある。陸上と違うんや。野球足とは、ずるい走塁、上手い走塁のことや。スタートが遅かったら駄目やし、センスが無かったらいくら速くても駄目や」

一例を挙げると、盗塁にしても、何度も一塁に牽制《けんせい》させて投手を疲労困憊《こんぱい》させ、無警戒のときに一気に走る。走者二塁で、浅い当たりが飛んでも野手の隙を突いてホームを狙う。併殺プレーのとき、あたかも自然な流れのように、送球に入った野手の足を払う、審判の死角をついたスライディングをする、これらがずるい走塁と呼ばれるものだ。

野球足について、横浜の高松延次は「足が速くても鈍臭かったらあかん」と言う。

選手がヒットを打つ。ここで一塁ベースを回ってオーバーランし、いざとなったら二塁まで行くぞ、という強い意志を見せる選手と、ヒットを打って一塁へ行くだけで満足してしまう選手がいる。

「ただ足が速くても駄目なんですね。足が速くても一塁で止まる選手は大したことはない。ひとつ間違ったら二塁まで行ってしまうようにオーバーランする選手、これが運動神経なんです。スカウトだったら、球が速い、足が速い、肩が強いとかは誰でもわかります。簡単に口や数字で説明できないプレーを自分の眼で感じることが大切です」

守備で言えば、レフトがフェンスに当たったクッションボールを捌《さば》くケースがある。外野のフェンスに打球が当たってから、球の転がった方に捕りに行く選手はセンスがない。当たった瞬間に、この球ならどちらに跳ね返るか予測して事前に動ける選手はセンスがある。それはデータに表れない。それを〝勘能神経がいい〟と表現するスカウトもいる。反射神経ではなく、常に先を読む勘が長《た》けた能力のことだ。

「ボールが来てから考える選手と、前もって動く選手の違いがあるわけです。それを見分ける能力があるかが大事なのです」(高松氏)

ヤクルトの元スカウト片岡宏雄は、余裕という言葉を口にする。

「投手ではゴルフで言うアプローチが必要ですね。ニュートラルです。何でもそうですが、ローからトップに入って、ローからセカンドに入って、それでニュートラルがあって、バックに行くわけだ。そういう4段階のものがないと、速球投手は力が無くなると駄目になりますね。長く活躍している投手はニュートラルがあります。遊び、余裕のことですね」

【人を見抜くポイント】その10

人間の本質は数字では表せない。数字に表れない行動、たとえばクッションボール処理の判断力、一塁に駆け込むときの攻撃的な姿勢など、様々である。スカウトは自分の見る軸を持っている。組織でも、数値に表れない能力を持った人材がいる。それを見抜くには、自分なりの評価の軸を持つことが必要だ。

第５章　常識の裏側に真実あり

球が速い、足が速い、パワーがある、チャンスに強い、というのは選手を評価する大きなポイントである。しかし、それはある程度の経験を積んだスカウトなら誰でも評価できる。だが常識的なものの見方ばかりでは、逸材を見つけることは不可能だ。一流と呼ばれるスカウトは、常識にとらわれない独自で自由な鑑別法を持っている。

●高校生選手は今がピークかを見極める　近鉄・岩隈久志

甲子園の舞台で活躍する選手、多くのマスコミが注目する選手、あるいは大舞台になると予想外の活躍をする選手がいる。プロのスカウトも一斉に注目する。だが大事なのは、この選手は今この瞬間が頂点なのか、それとも今後も伸びる通過点にあるのか見極めることである。当然、スカウトが対象とするのは後者である。

昭和41年西鉄ライオンズ（現埼玉西武ライオンズ）にドラフト１位で入団した選手に荒武《あらたけ》

康博《やすひろ》捕手がいた。彼は報徳学園高校の3年夏に甲子園大会に出場し、史上8本目の満塁本塁打を放って周囲を驚かせた。秋の国体でも本塁打を打った。大舞台になると俄然《がぜん》打ち出す選手だった。

報徳の監督は言った。

「今まで全然打てなかったのに、大きな試合になったら打ちよるで」

そのため急に注目を浴びるようになり、スポーツ新聞でも1面を飾った。これまでノーマークだったプロのスカウトも色めきたった。だがプロでは実働5年で86試合出場、本塁打1本、打点6、打率．２４０で終わった。

彼は甲子園の舞台が頂点で、そこで力を使いきってしまったのだ。あるスカウトは言う。

「甲子園で活躍して見出しになる選手が、必ずしも成功するわけじゃないんです。プロはやはり体力とパワーなんです。体力がなくて目いっぱいやっている選手はそれまでなのです」

甲子園で活躍した投手で一世を風靡《ふうび》した者は多くいる。怪物と名のつく投手もいた。彼らの多くはドラフト1位でプロに進んだ。しかしプロでは素晴らしい成績を残せないケースもある。高校時代の印象から言えば、もっとできた筈《はず》なのに、ピークが高校時代だったのだ。三沢高校から近鉄に入団した太田幸司《こうじ》、長崎海星高校からヤクルトに入団した怪物「サッシー」こと酒井圭一《けいいち》、豊見城《とみしろ》高校の赤嶺賢勇《あかみねけんゆう》、早稲田《わせだ》実業からヤクルトに入った荒木大輔などである。高校時代に完成されていた、と言うべきである。横浜の元スカウト稲川《いながわ》誠は言う。

「やはり高校がピークのときがあるのですね。それを見抜かないといけない。プロで育たないとコーチが悪いとか言いますが、やはり力がないのですよ。いい投手、いい打者は方法論を与えれば、黙っていても伸びます。夜も黙って練習します」

稲川は言う。

「高校、大学で通じる投げ方があるのですね。いいフォームをしている、そこそこの決め球と、コントロールを持っている、駆け引きもまずまず、これはアマでは抑えられます。しかし、プロでは何か秀でたものがないといけない。変化球が悪くても、それをカバーする速球があればいい。そういう選手を獲《と》る対象にしています」

その伸び代を見るヒントに足の速さがあるという。稲川の経験では、複数の選手が、同じ評価でどちらを獲るか迷ったときは、足の速いほうを獲った。

「足の速いほうが、伸びる可能性があるのです。それは体にバネがあるからなのです」

その中で、伸び代の大きかった投手の一人に近鉄、オリックス、東北楽天を経て、現在シアトル・マリナーズにいる岩隈久志《いわくまひさし》がいる。彼は堀越《ほりこし》高校時代は、西東京大会ベスト4で、甲子園に出ていない。１９０センチの長身であったが、球の速さは１３３キロと速くはない。

体も細かった。肩を壊して1年ほど投げていない時期があった。

だがときおりマウンドに上がって投げる球のキレ、制球力は抜群だった。フォームもいい。近鉄のスカウト陣は「化けたときは凄《すご》いものがあります。将来の伸び代がある」と判断した。他球団はどこも指名しない中で、近鉄はドラフト5位で指名した。

「1年くらい病院に通わせてもいい。治るまでボールは放らせず、体を鍛えればものになる」首脳陣もそう判断した。岩隈は、入団当初は肘《ひじ》、肩痛に悩まされたが、近鉄は徹底してサーキットトレーニングで体を作らせた。入団4年目、5年目に連続15勝（5年目は最多勝）を挙げ、一躍エースとなり、東北楽天へ移籍後も、平成20年に21勝4敗（最多勝）、防御率1．87（最優秀防御率）を挙げ、MVP、最高勝率とタイトルを独占した。

余談だが、プロに入って大成しない共通例が存在するという。それは、指名されてもすんなり入団しない選手や、何度もドラフトで指名を受けながら、入団拒否を繰り返した選手である。すべてとは言い切れないが、それは当たっている。

中日ドラゴンズで新人王になった藤沢公也《きみや》投手（日鉱佐賀関《さがのせき》）である。彼は高校卒業時（昭和44年）にロッテオリオンズ（現千葉ロッテマリーンズ）で3位指名、46年にヤクルトアトムズ（現東京ヤクルトスワローズ）で11位指名、48年に近鉄で4位指名、51年に日本ハムで2位指名と4度も指名されたが、すべて拒否している。昭和52年に中日から1位指名され、ようやく5度目で入団したが、活躍は1年目だけで終わった。

昭和54年にロッテの1位指名を拒否して、翌年ヤクルトから1位指名された竹本由紀夫投手（新日鐵室蘭《むろらん》）もそうかもしれない。彼は社会人ナンバーワンの右腕で、世界選手権でも日本チームのエースを務めたが、プロ入り後は活躍できず、実働4年0勝5敗で現役生活を終えている。いろいろ事情はあるにしても、成功した例は少ないようだ。

稲川は言う。

「希望球団でなくてもご縁と思うことです。自分を必要としている球団に行くことが大事です」

指名してくれるのは、その選手を高く評価し、必要としているからで、ご縁を大事にすることが大成するコツなのだそうだ。

【人を見抜くポイント】その11

甲子園で大活躍すれば、一斉にマスコミは注目する。しかしスカウトは冷静になって、ここが限界か、まだ伸びるか、将来の伸び代を判断している。今の力だけを見ているわけではない。

●シートノックから野手のセンスが見えてくる

プロ野球のスカウトは、試合も見るが、より重視するのは、試合前のシートノックだ。試合ではすべての野手に打球が行くとは限らない。バックホームがなければ、肩の強さを判断することはできない。シートノックだったら、どの守備位置にも打球が行く。バックホームもある。肩の強さ、打球への動きを、じっくりと見ることができる。

河西俊雄が注視したのは、併殺プレーの二塁ベースに入る野手の足の運びである。ここに内野手のセンスが出るという。走者一塁で二塁手にゴロが行く。このとき二塁に入るショートの足の動き。ショートゴロであれば、二塁手がベースに入る足の動きである。彼は部下に「これをよう見とけよ」と言った。

これは捕球した野手との呼吸が合わなければ、二塁でフォースアウトにできない。早すぎても遅すぎてもいけない阿吽《あうん》の呼吸の会得である。ここでもたつけば、二塁でアウトにしても、一塁ではセーフになってしまう。この絶妙のタイミングをものにできるか、できないか、これはセンスだと河西は言っていた。

ベテランスカウトによれば、シートノックの野手の動きで打順までわかるという。俊敏な動き、堂々とした動き、同じボールを追うにも動作の違いはある。それが打順に表れる。

ただし投手の場合は、試合を重視して見る。打撃については、試合では敬遠のケースもあるので、ふだんの打撃練習をよく見る。

ヤクルトの元スカウト片岡宏雄は言う。指導者のシートノックの打ち方を見るだけで、チームの守備力がわかると。

「ノックの上手《うま》い監督だと守備力は強い。ノックの下手な監督だと守備力は弱いですね」

選手が日頃から上手いノックを受けていると、守備も上手くなるからである。

試合前のシートノックは、試合以上に、いろいろな要素が隠されている宝庫である。

●投手のセンスを知るには打撃を見よ

投手の評価方法は、体の大きさ、強力な決め球があるかだが、もう一つ有効なものがある。それは打撃である。投手の野球センスを見るには、当人の打撃を見ればよくわかる。横浜の元スカウト稲川誠は言う。

「僕は投手を見るときは、打撃を重視して見ます。特に高校生は打撃がいいことが条件です。大学、社会人は別ですが、エースが、打順で8番や9番を打っているようだと、その投手は大成しません」

今の少年野球の世界はボーイズリーグなど硬球を扱うリーグが増えている。そこでは元プ

ロ野球選手が指導することも増えている。ピッチングに対する教え方も格段にレベルアップした。稲川によると、

「いい指導者につけば、投手はよくなります。しかし、打撃のセンスは、教えたくても教えられないものがあります。打撃のいい投手は、その野球センスを持っているということです」

投手であっても野手の一員であり、打者の一人でもある。フィールディング、牽制《けんせい》、送球、走塁など、何をやらせても上手い投手は、野球の天性の才能を身につけている証拠だ。

ある球団の元スカウト部長は言う。

「投球と打撃の理論は根底で通じています。投手も打者も、後ろに重心をかけ、体を捻《ひね》って前に重心を移動します。同じ技術体系です。投手が打者に向かって投げる、打者が投手の球を打つというタイミングも同じです。ただ投手は球を当てさせない、打者は球を当てるという違いだけです」

だから投手として優れた選手は、打者としても優れている。高校時代、投手で4番打者がいるのも、根拠があってのことなのだ。

その一例が西武に入団した松坂大輔である。横浜高校時代は4番を打っていたときもあり、高校通算14本塁打を記録している。東北楽天のエース田中将大《まさひろ》も高校時代13本塁打を打っている。巨人のエースだった桑田真澄《ますみ》もPL学園時代は、清原和博とともにクリーンナップを

打っており、野手に転向すれば、2000本安打を打てたというスカウトも多い。
堀内恒夫は1試合3本塁打も記録している。怪物、江川卓も法政大学時代、昭和51年の秋季リーグ戦では、打率.342（リーグ2位）を打ち、打点はリーグトップを記録している。彼らはエースとして、タイトルを獲得したが、打撃も素晴らしかった。

【人を見抜くポイント】その12
その人にセンスがあるか、ないか見極めるのは難しい。しかし、シートノックや投手の打撃などでわかるように、意外な部分に人の才能が表れることがある。人材のセンスのあるなしを見抜くとき、それは本来のポジション以外の部分に見え隠れしている筈だ。

●外から性格を見分ける　近鉄・野茂英雄、阿波野秀幸

技術は申し分ない。素質もいい。だがここで一番頭を悩ますのが、プロ向きの性格かどうかである。俗にブルペンエースという言葉がある。練習では凄い球を投げるのだが、いざマウンドに上がると本来の力の半分も発揮できない。ノミの心臓と呼ばれるものだが、プロではヤワな神経では通用しない。向こう気が強く、試合になると実力以上のものを発揮する。これがプロ向きの性格である。人間の内面のことだけにスカウトでも見分けるのは難しい。

だがこれも、本人の意識しない、ふとしたときに表れるものだ。

オリックスの1番打者に坂口智隆《ともたか》という外野手がいる。好守好打のリードオフマンだ。

彼は神戸国際大学附属高校では、通算26本塁打を放ち、甲子園にも出場した。投手をやっていたから、肩もいい。実績からすると問題はない。後は、プロで通用する激しい性格を持っているかどうかだ。

坂口を追っていた近鉄の堀井和人は、ある試合で坂口が敬遠される場面を見た。ノースリーになったときだった。坂口は、どうせ敬遠だからと、バットを放って一塁へさっさと走り出してしまった。受けを狙ったフシもある。

坂口はすぐに審判に呼び戻され、厳しく叱られた。チームの監督にもベンチで叱られた。

周囲はあっけに取られて苦笑する。

「やんちゃくれで目立ちたがりややったんや。凄くプロっぽい行動じゃないですか。こういうことは今の子はなかなかできない」

坂口は平成14年のドラフト会議で近鉄に1位指名され、入団した。坂口はオリックスに移ると、平成20年からレギュラーに定着し、常に3割前後の打率をキープし、ゴールデングラブ賞も4回受賞。平成23年には175安打を放って、最多安打も記録した。

外見は優男でも、気性が荒い選手もいる。顔立ちから選手の性格はわからない。

近鉄のエースに阿波野秀幸がいた。細身の優男で、今で言うなら草食系の顔立ちだ。阿波野は亜細亜大学で32勝を挙げた左腕である。

ある試合のときだった。亜細亜大学は優勝争いを演じていたが、試合は接戦になってもつれていた。マウンドでは別の投手が投げており、阿波野はブルペンで投球練習をしていた。多くのスカウトは、試合そのものに熱中していたが、近鉄のスカウトだけは密《ひそ》かに阿波野の姿を目で追っていた。ピンチの場面になっても阿波野に声が掛からない。このとき彼は投球練習を突然やめると、グラブを思い切りベンチに投げつけた。

「なぜ俺に投げさせないんだ！」

一瞬の出来事で、他球団のスカウトで気づいた者はいなかった。

このとき近鉄のスカウトは、阿波野の激しい性格を知った。阿波野は、この年（昭和61年）ドラフト1位に指名され、入団1年目でいきなり15勝を挙げて新人王、平成元年には19勝を挙げて、最多勝利投手となり、チームのリーグ優勝に貢献した。

ヤクルトの片岡宏雄も、試合中はブルペンを見ていた。試合では真剣に投げるのは当然である。だが、ブルペンではどうか。ここで集中して投げる投手であれば、真面目な性格の選手だと判断した。ときおり投球をやめてグラウンドを見るような投手は集中力に欠けている。

片岡は言う。

「ブルペンで一生懸命に投げる姿を見るのは、集中力を見るためです。僕は試合を見ながらブルペンにも注意を払っていました。ブルペンで必死に投げ込む投手は、いざというときに力を発揮するんですね」

「目は口ほどに物を言う」とも言うが、その眼に選手の気持ちの強さは表れる。ヤクルトの左腕のエース石井一久（現在は埼玉西武ライオンズ）は、千葉県東京学館浦安高校時代、四球も多く出し、精神的にムラッ気があった。しかし、どんなにピンチになっても目が据わり、泳ぐことは無かった。危機にも動じない強さがあった。


さらに例を挙げれば、近鉄のエースとなり、後にメジャー・リーグで活躍した野茂英雄もそうだ。河西俊雄は、成城工業高校時代から目を留めていた。高校時代からトルネードという変則フォームもあって、各球団も指名を見送っていた。投げるとき右足がインステップするため、制球が悪かったからである。

「こんなタイプはコーチ泣かせや。コーチはすぐにフォームをいじりたくなる。すると潰《つぶ》れてしまうやろな。上手く育てれば儲《もう》けものや」

野茂は社会人になっても、指導者から「フォームを修正しろ」と言われても聞き入れなかった。この頑固さも、自分の方法に絶対の自信を持つ強さに繋《つな》がる。

近鉄入団後の野茂はMVP1回、最多勝4回、防御率1位1回、沢村賞1回、さらに渡米してからメジャー・リーグで新人王、ノーヒット・ノーラン2回と、実力を発揮した。

選手が素直かどうかは、家庭環境にも影響される。貧乏とか、金持ちではなく、家庭が複雑でないことである。これは選手の性格形成に大きな影響を及ぼす。

日本ハムのスカウトだった三沢今朝治は、こう語る。

「プレーを見ていて、あの選手は気が強い、弱いとかよく言います。僕らがずっと見た中では、大きな態度とかオーバーに見せた動作をする人が、意外に気は弱かったということが多いです」

その中で、三沢が重視するのは選手自身が「どこに目標を持ち、そのためにどれだけ努力できるか」という姿勢を持っているかという点だ。

「深く考えているか、というのはある程度わかりますね。初対面であっても、話している態度、言葉の重さ、眼の力で〝こいつは本気で考えとる〟と感じます」

例えば、口数が多くてせわしなく話し、ひたすら自分をアピールするような選手は、取り組む姿勢は弱い。本物の強さを持った選手は、余計なことを話さないで、目的とすることをきちんと話すと、黙っていることが多い。北海道日本ハムでヘッドコーチを務めた白井一幸がそうだった。彼は昭和58年に日本ハムにドラフト1位で入団。昭和62年には左右打席本塁打を放つなど勝負強く、ベストナイン、ゴールデングラブ賞を受賞している。引退後はトレイ・ヒルマン監督の許《もと》で、常勝ファイターズを支えた参謀になった。

人の性格というのは、本人の気づかない部分に、不意な形で表れる。それは性格検査ではわからない。ふだんの話し方、行動に出る。その瞬間を捉《とら》えることが、人の本性を知る一番の方法なのだ。

【人を見抜くポイント】その13
人の性格を見抜くのはとても難しい。なぜなら人は社会的な仮面をかぶって、誰かを演じているからだ。だが本人も気づかないふとしたときに、無意識のしぐさとなって表れる。

●勝負運は天性のもの　巨人・川上哲治、阪神・渡辺省三

人には勝負運があるという。決断力は、経験や失敗を重ね反省することで、伸ばしていく能力であるという。努力によって身につく能力だ。だが勝負運は、持って生まれたものだ。

もっとも勝負運を持った人物と言えば、巨人を9年連続日本一に導いた川上哲治《てつはる》元監督である。現役時代は「打撃の神様」と呼ばれ、MVP3回、首位打者5回、本塁打王2回、打点王3回とタイトルを総なめにした。

川上は監督時代、10対0という大差で勝っていても、試合の終盤にスクイズで11点目を奪う。容赦がない。5回2アウトで、巨人が大量のリード。あと一人を抑えれば先発投手が勝利投手の権利を得る場面で、投手が突然調子を崩した。川上は、迷うことなくマウンドから降ろした。

これが勝負運を持った人間の行動である。この強さは、生い立ちにもよるが、やはり天性のものだとベテランスカウトは言う。

かつて阪神に渡辺省三《わたなべしょうぞう》という投手がいた。体型は176センチ、68キロと決して大型ではなかったが、抜群の制球力とスライダー、ナックルなどの変化球のキレも抜群だった。通算13年で、二桁《けた》勝利は8回。昭和31年には22勝8敗、防御率1．45を挙げて、最優秀防御率に輝いている。村山実、小山《こやま》正明と並んだ阪神の主力投手だった。渡辺は引退後、コーチを務め、その後、スカウトとなって新庄剛志《しんじょうつよし》、野田浩司《こうじ》、遠山昭治《しょうじ》を獲得している。

渡辺は、幼少時代に軍属として徴用された父親に従って、朝鮮半島の平壌《ピョンヤン》で生活していた。貧しく、ふだんも鉄砲の弾が頭上を通過したという。弾が唸《うな》りを立てて飛ぶ音がしっかりと耳に刻まれた。そこで暮らした経験が、渡辺の人格形成に大きな影響を与えた。生きるか、死ぬか、修羅場を潜った人間だけが持つ、勝負強さが身についたのである。

「生まれついてそういうものを持っているか、それとも幼いときいろんな苦労をやった人は強くなりますね」

あるベテランスカウトは言う。

一緒に麻雀《マージャン》をやっても、友人がツキに見放され、負けが込んでいるときがある。だが渡辺は見逃したり、勝負を緩めたりすることは一度も無かった。ふつうであれば、負けているときは手加減する。だがその情けが自分のツキを逃がすというのだ。野球も同じだった。渡辺が投げて、8対0で勝っていた試合である。だが彼は「2、3点与えてもいい」と思って力を抜くことは絶対にない。1点も与えず、完封で勝つ。

「勝負運のない人間は、3点くらいいいだろうと思って、力を抜く。ところが、それが4点になり、5点になり逆転されることもある。麻雀でも、皆が鳴くけど、自分は先手で上がる。それをやらないばっかりにツキが逃げてしまうことを渡辺さんは知っているわけです」

ふだんは温厚で気さくな渡辺は、こと勝負事になると妥協を許さなかった。

渡辺はこうも語っていた。

「わしはなぜ投手が四球を出すのかわからん。真ん中に放ればいいんや」

コースを狙いすぎて、ボールが外れ、四球になって走者を出す。だが野手が自分の後ろに守っているではないか。真ん中に投げて、いい当たりをされても野手の正面に行くから大丈夫だと言うのだ。そこに彼の持って生まれた勝負に対する信念がある。

ある巨人の元スカウトは、高校時代の桑田真澄を見て、図太い勝負運を感じたという。打者に打たれたら、桑田はもう一度同じ球、同じコースで勝負して必ず打ち取っていた。桑田は一見するとクールだが、内に秘めた闘争心は激しかった。

ある巨人のスカウトは、気になる選手がいたら、わざと目につく場所で練習を見る。そこでぶれる選手、ぶれない選手の差が出てくる、という。監督に挨拶《あいさつ》して、お目当ての選手に「巨人のスカウトが来ていますとお伝えください」と言う場合もある。そこでふだん以上にいいプレーができる選手は、勝負運を持った選手である。

セ・リーグのある球団のエースになった投手は、社会人野球時代、給料とボーナスが入ったら、歌舞伎町に賭《か》け麻雀を打ちに行ったという。まだ20歳そこそこの若者が海千山千の猛《も》者《さ》のいる場所へ麻雀を打ちに行く。度胸が据わっているのである。投球もまっすぐとスライダーの二種類。逃げるのが嫌なのである。勝負運の塊のような選手である。彼はプロ入り後、ノーヒット・ノーランを達成している。

ある監督は、同レベルの二人の選手のどちらを獲るか決めるときに、優勝経験の有無で決めていた。

「勝負の世界は勝ち運を持ったものでなければ駄目だ。だから優勝している選手を獲る」

選手の経歴にも、勝負運は見え隠れする。

【人を見抜くポイント】その14
人には勝負運がある。これは持って生まれたもの、もしくは幼少期に身についたものだ。ほぼ天性のものである。その人物が勝負運を持っているかどうかは、過去の様々な人生の岐路に成功してきたか、あるいは日常生活で勝ちに徹した行動をとっているかに表れる。

●タブーに挑戦すること　ヤクルト・古田敦也

通常、眼鏡を掛けた捕手は、プロ野球界で大きなマイナスになる。真偽はともかく、偉大な名将でかつ捕手経験者がそう言うのなら、その見解は正しいことになってしまう。平成元年のドラフト会議で、ヤクルトスワローズはトヨタ自動車の捕手、古田敦也《あつや》を上位指名することを決めていた。ところがそこに横やりを入れたのが、翌シーズンから監督就任が決まっていた野村克也である。

「眼鏡の捕手はいらん。大学出で日本代表と言っても、アマチュアや。プロはそんなに甘くない。それよりも元気のいい高校生捕手を獲ってくれ。ワシが育てる」

なぜ眼鏡が駄目なのか。キャッチャーマスクを着けて、さらに眼鏡もつけるので、見にくいし、レンズが曇りやすい。とくに夏は酷《ひど》い。汗をかけば、眼鏡がずれて視界を遮る。過去に大成したケースも少ない。

ただ古田はそのハンディがありながら、立命館大学時代に、関西学生リーグのベストナインに4度も選ばれている。トヨタ自動車時代にはソウルオリンピックに出場し、野茂英雄、潮崎哲也《てつや》をリードして銀メダル獲得に貢献している。

しかも、ドラフト会議前の10月23日に行われた日本選手権の2回戦、トヨタ自動車は熊谷《くまがい》組と対戦した。指名されるかどうかに影響する試合だ。古田は3打数2安打2打点、本塁打も打った。スカウトの片岡宏雄は、節目の試合で活躍する選手を重視していた。勝負への集中力が表れるからだ。

このとき片岡は、古田の活躍を見て「プロに向いている」と確信を持った。

ドラフト会議では、新日鐵堺の野茂英雄に8球団が競合、ヤクルトも1位指名したが、外れ、近鉄が交渉権を得た(野茂は近鉄に入団)。外れ1位に、ヤクルトは古田に行く筈だったが、野村が反対し、ヤマハの投手、西村龍次《たつじ》を指名した。次の2位指名で押し黙る野村をよそに、ヤクルトは古田を指名した。

古田は入団1年目にレギュラーとして定着し、盗塁阻止率はリーグトップ、ゴールデングラブ賞に選ばれた。その後、MVP2回、首位打者1回、2000本安打も記録した。

片岡は大学時代から古田を見ていたが、スローイングがいいことと、絶対に球を後ろに逸《そ》らさない捕球の上手さに目を留めていた。片岡自身、立教大学時代にエースの杉浦忠（後南海）とバッテリーを組んだ捕手で、ベストナインに2度選ばれている。長嶋茂雄、本屋敷錦《もとやしききん》吾《ご》（後阪急ブレーブス）らと黄金時代を築いたメンバーである。

そのため捕手を見る眼は鋭い。

「何があってもこの捕手だったら、捕ってくれる。ワンバウンドを投げても上手く捕って、二塁へ放ってアウトにしてくれる、それだと投手は安心して投げられます。捕手に安心感がなければ、投手は一塁に何回も牽制したりして、打者に集中できません。捕手にマイナスがあれば、投手の力は半減します」

古田はワンバウンドでも確実に捕球し、走者が走れば確実に二塁で刺した。

片岡が立教大学時代に、チーム事情から、別の捕手が杉浦の相手を務めたときがあった。だが杉浦の鋭く曲がるカーブ、ホップする球をその捕手は上手く捕れなかった。杉浦は安心して投げることができず、再び片岡がマスクを被《かぶ》った。

「捕手はボールを捕ることで、投手と一心同体です。だから投手に、〝この捕手だったら放れるな〟という気持ちを持たせることが大事です」

その安心感を投手に与える捕手が古田だった。その長所を見抜いていたから、片岡は野村の反対にもかかわらず、指名を主張できたのだ。

【人を見抜くポイント】その15
自分の経験を活《い》かして、選手を見る。選手の短所というフィルターを外して見ると、素晴らしい長所が見えてくる。眼鏡を掛けた捕手は大成しない、という常識を外して見れば、古田のような名捕手と出会うことができる。常識の枠にとらわれずに人を見ると、長所が多く現れるものだ。

●縁に気づく　広島・江藤智、金本知憲

広島のスカウト部長、苑田聡彦が担当した選手には、広島時代に本塁打王2回、打点王1回に輝いた江藤智《あきら》がいる。江藤は関東高校時代、61本の本塁打を打った強打者だった。ポジションは捕手。だが肩を痛め、一塁にコンバート。3年になって捕手に戻ったが、肩が痛くて、満足に投げられない状態だった。江藤自身、いろいろな病院に行ったが、どこも異常はない。だが現実に肩は痛む。結局投げられないため、プロ野球のスカウトは獲得を諦《あきら》めた。

だが苑田は、江藤のボールをバットに上手く乗せて打てる技術、そしてパワーに惚《ほ》れこんでいた。右の強打者不足は、当時の広島最大の課題でもあった。

「清原和博や松井秀喜みたいな大物スラッガーの雰囲気はありましたね。江藤の場合は、センター中心に鋭い打球を飛ばす打者でした」

苑田はそう語る。もう一つ、江藤に拘《こだわ》ったのは、苑田の家と、江藤の通う関東高校が近かったことだ。府中市の球場に行くとき、通学途中の江藤とばったり会う。学校のグラウンドもよく通る。そこに江藤がいた。家に帰る途中にも会えば、町の中でも会う。

「お前とは縁があるな」

と話す間柄だった。江藤は社会人野球に内定が決まっていた。しかしプロ入りにもやぶさかでない。

苑田は、彼の肩をきちんと治せば、プロでも通用する筈だと考えた。そこでひそかに慶應義塾大学病院を紹介した。他球団に気づかれないよう、病院の裏口から入り、診察は苑田の弟の名前で受けさせた。

診断を聞き江藤は驚いた。医者は「骨も筋肉も悪くない」と言う。ただ「肩の筋肉のつき方に多少問題があるから、そこを鍛えれば大丈夫」との診断だった。１週間の筋肉強化体操で、一度はプロへの道を断念するほどだった痛みが嘘のように消えた。

「これでプロでもいける」

と苑田は確信した。すぐに関東高校の校長と会って、ドラフトで指名したいと申し出た。

だが過去にあるプロ球団が指名すると言いながら、指名しなかった経緯があった。校長はその事例を覚えていたので、すんなりと首を縦に振らなかった。そこで苑田は、当時のオーナーに電話をして、江藤の指名について了解を貰《もら》った。

「昔のスカウティングのやり方では、会議にかけずに、直接オーナーに〝こういう選手がいますからお願いします〞と電話すると、〝よし、わかった〞と獲ってくれたのです」

さらに苑田は、〈関東高校の江藤智君を◯位で必ず指名します〉と一筆書いて、自分の署名もした。ここで見事他球団の裏をかき、江藤をドラフト5位で広島に入団させることができた。入団後、江藤は苑田と顔を合わせるたびに嬉《うれ》しそうに笑ったという。

平成24年に引退した金本知憲《ともあき》も苑田が惚れこんだ選手の一人である。東北福祉大学で23本の本塁打を記録した強打者だが、苑田が大学のグラウンドに行ったときは、足首を捻挫《ねんざ》しており、フリーの打撃練習ができないので、ティーバッティングを行っていた。

「リストワークが抜群で、リストで溜《た》め込んで打てる。プロで活躍できると思いました」

このときも苑田は、オーナーにすぐに電話して、獲ってもらうようお願いした。金本は平成3年、ドラフト4位で広島に入団した。その後の活躍は言うまでもなく「鉄人」と称され、連続イニング・連続試合フルイニング出場数の世界記録を達成した。

金本は入団後の沖縄キャンプで、毎日グラウンドで1000回以上、バットを振った。苑田がキャンプ地まで来たとき、酒でもと誘ったが、「まだ体ができてませんからアルコールは飲めません」と断り、それからボール２０００個を持ってきて打撃練習を始めた。

「結局はプロに入ってどれだけ努力するか、選手本人の力ですよ。スカウトはプロに入る道を作るに過ぎません。金本もプロに入って猛烈に練習しましたから」

苑田は、選手を見るポイントとして、まずユニフォームの着こなし、背番号、体型のバランスと、大きなところから見るという。そこから走り方、投げ方へと入っていく。

選手にはいいときも悪いときもある。いいところだけを評価するのではなくて、悪いときも知ることで、いい評価に繋げることだと考えているのだ。打撃を見て、本塁打を打ったからいいというのではなく、三振しても、タイミングの取り方がよければ構わない。あとはレギュラーを獲れるかは本人のハートの強さである。

「そういう見方をしたら、次はこういうふうな調子になるなと読めるようになります。やはりスカウトは、野球が好きで、何べんも見ることです。見た人には敵《かな》わないですし、スカウト活動でも勝ちますよ。いつもそう思います」

【人を見抜くポイント】その16

縁を大事にする。何気ないすれ違いも、運命の糸で結ばれることもある。そこから新たなホームランバッターと出会うことがある。善は急げ。実力を見抜くと、すぐに獲得を決めたことが成功に繋がった。

●派手なパフォーマンスはセンスのある証拠　ダイエー・川崎宗則

川崎宗則《かわさきむねのり》はソフトバンクホークスを代表するショートである。平成11年にドラフト4位でダイエーホークスに入団。鹿児島県の姶良町《あいら》（現姶良市）生まれ。鹿児島湾に面した町である。彼はイチローに憧れ《あこが》、中学時代から左打ちに変えている。鹿児島工業高校に進んでからは、50メートルを5秒8で走る俊足と、イチローばりの振り子打法で、薩摩《さつま》のイチロー＝「サツロー」と呼ばれていたという。後、ホークスでは平成15年に三塁手に定着、16年に本来のショートに戻り、盗塁王、最多安打、打率3割を記録して、ベストナイン、ゴールデングラブ賞を受賞した。打率3割は5度、後にシアトル・マリナーズに移籍した。

川﨑の高校時代の話である。当時ダイエーのスカウトの池之上格《いけのうえとおる》は、鹿児島工業の練習試合をこっそり見に行った。川﨑はイチローと同じ振り子打法で打っていた。

「非常に派手だったですね。派手派手のパフォーマンス。カッコつけてるんですよ。〝高校生がイチローの真似して〟という見方もあったと思いますよ。でも華があったんですよ」

このとき川崎は、ヒットにはならなかったが、ライナーを広角に連発した。しかも足は速い。４打席すべて鋭いライナー。とくに際立ったのがボールを捉えるセンスだった。すべてバットの芯《しん》に当てている。しかもリストが柔らかい。

このとき池之上は、かつて阪神のスラッガー掛布雅之と対戦したことを思い出していた。池之上は、昭和48年に南海ホークスに投手として入団した。まだ若手で売り出し中の掛布とオープン戦で対戦。このとき掛布は４打席で１本もヒットを打っていないが、センター、ライト、左中間、ライトと芯でとらえたライナーを打ち分けた。

「川崎の打撃の柔らかさが、掛布とだぶったのです」

池之上は、この年の11月９日にダイエーを去ることになるが、11月３日に鹿児島工業の部室に行き、川崎を球団のドラフト候補に指名すると伝えた。

「ええか、プロに入りたければ、今しっかり練習するんだぞ」

と助言もした。他のスカウトは「かっこつけじゃ、あいつは。イチローの真似ばかりしやがって」と語る者が多かった。だが池之上は、彼に実力があったから、派手なプレーもできたのだと思った。内に何かを持っている選手だから、派手な動きができるのだ。

「川崎も今は堅実なプレーヤーになりました。思えば僕のダイエーでの最後の仕事になりました。ドラフト会議のときはチームにいませんでしたので、後の担当者に託したのです。ダイエーの浜名千広《はまなちひろ》くらいにはなれると思いましたが、まさかあそこまで凄くなるとは思いませんでした」

その後、池之上は阪神タイガースのスカウトになるが、後になって思い当たることがあった。阪神の二軍コーチの松山秀明が、彼にこう言ったのだ。

「派手な奴を獲って下さいよ。動きが派手でかっこつける選手はセンスがありますよ。センスがある選手は成功します」

松山は、派手であればいかようにも教育できるが、堅実な選手を派手にはできないとも言った。このとき池之上は川崎を思い出した。

「あいつ、そうやったな」

型破りの選手は、注目はされるが、評価とは別だ。しかし、池之上の視点は違っていた。何か特別な力があるから、人と違ったことができる。派手なパフォーマンスは、しっかりした実力の裏付けがあってこそ可能である。プレーの奥にある内面に、何が隠れているかを見抜くことも大事なのである。

【人を見抜くポイント】その17

派手なパフォーマンスを、得てして人はうわべと遠ざけてしまうことが多い。しかしそれ

だけの動きをするのは、当人が只者《ただもの》ではない力を持っているからだ。表面で判断せずに、そのプレーの源泉はどこから生まれてくるのか、探っていくと隠れた能力が見えてくる。

第６章　決断力と評価

現代は全国津々浦々の選手の情報が洩《も》れなく入ってくる。しかしスカウトは独自の情報収集の方法を持っている。スカウト１号の丸尾千年次も「一に情報、二に眼、三に決断力」と言った。名スカウトはどのようにネットワークを駆使して、逸早《いちはや》く情報を摑《つか》むのだろうか。秘訣《ひけつ》はスカウトの掌中にある。

●判断力と決断力

横浜の元スカウト部長の高松延次は言う。

「どんな仕事でも大事なことは決断力と判断力です。判断しても決断力がない人は駄目です。判断して即決できる人が必要です。トップになれる人はそういう力を持っている人ですね」

そういう力量のあるトップがいれば、部下は働きやすい。ドラフト制度の無かった自由競争の時代は、１年かけて調べ、ドラフト会議にかけるというゆっくりした方法ではなかった。

すぐに獲《と》るかどうか決めて、その場で契約しなければ、他球団に先を越されてしまう。その時代に生き抜くために、即決することが必要だった。

「宿舎で朝の新聞を見るのが怖かった」

と、当時のスカウトは回想する。選手の契約はいつでも可能なルールだったから、朝刊を広げると、自分が追いかけていた大物が「阪神と契約！」と大見出しで載っている時代だった。

あるスカウトと旅先で会って、「明日はどこ行くの」と聞くと、「西に行きますわ」と答える。「俺は東ですよ」と言って別れる。翌日、二人は同じ球場にいた、という逸話もある。昔は高校の試合の日程表など、新聞に細かく載ることもなかった。試合前日、高校の監督から情報を摑んだスカウトが密《ひそ》かに地方へ行く。幸い誰も知らない。だが当日、他球団の大物スカウトが嗅《か》ぎつけていたときもあった。互いに騙《だま》し合い、うっかり正直に言うと、次の日には他球団に広まっている。

「怖かった」

と洩らした元スカウトもいる。球場でいい選手を見つけても決して口にしない。しかし、他球団のスカウトは、彼の目線、動きを観察している。彼のお目当ての選手は、これだとばれていく。こちらも相手のスカウトの動きを見ている。どの回で席を立ったか、誰のとき眼が輝いたか、狙いを探る。そこからこのチームはどこのポジションを重点的に補強したいのか、が見えてくる。こちらも先手を打って、他球団とポジションが重複するなら早く獲得を決め、契約する。ばれないように、お目当ての選手ではない選手を追いかけるふりもする。

「この選手、あかんなあ。見るだけ無駄ですわ」

と他球団のスカウトに、とぼけて見せる。「そうか、じゃわしは先に」と正直なスカウトは席を立つ。じつはその選手がお目当ての選手で、ひそかに自分だけがチェック。そのような化かし合いも日常茶飯事だった。

「怖かったけど、面白い時代」

というのが、かつてのスカウト合戦だった。

阪神の河西俊雄、ヤクルトの片岡宏雄、この二人は自由競争の時代からスカウトをやっていたから、決断力に優れていた。片岡は高松によく語った。

「当たるも八卦《はっけ》、当たらぬも八卦や。高松ちゃん、なんぼ見てもしゃあないで。そんなに迷ったらあかん。獲ってようなるか、悪うなるか、それはわからんよ」

１位、２位指名候補選手は、誰が見てもいい。しかし、３位以下の選手はいいところもあれば、悪いところもある。５回見ても10回見ても、ますます迷うだけだ。

「惚《ほ》れこんで、あばたもえくぼでボーンと判断して、即決断すること。これが必要なのです」

迷うスカウトは、選手が本塁打を打つと素晴らしいと思って再び見に行く。次の日は3三振をする。おかしいな、と思う。こうして迷っていく。何度も同じ選手を見に行くのは、迷っているから見たくなるわけだ。

結局、スカウトの判断力と決断力を伸ばす方法は、選手を獲ることである。判断力とは、いい選手かどうか、将来伸びるかどうか評価すること、決断力はその選手を獲るか獲らないかを決めることだ。

「獲るスカウトは成長する。獲らなかったら成長しません」

と高松は言う。

スカウトは、選手を獲ったら責任が出て来る。高松は、「ハマの番長」こと横浜のエース三浦大輔を平成3年にドラフト6位で入団させている。これも他球団の情報網をかいくぐって指名した投手だ。それだけに活躍できるか、気が気ではない。

「もうテレビ見てられないですよ。三浦が投げてるでしょ。ピンチや。一死満塁。たまらんからテレビ消します。5分後、上手《うま》く行ったらチェンジで、コマーシャルが流れてるやろなと思う。まだ守っている。あー点取られてる。そんな心境です」

とはいえ、獲った選手のすべてが活躍するとは限らない。

自由競争時代のスカウトの教訓として、「迷ったら獲るな、惚れた選手は獲れ」という言葉がある。これはどうかなと迷った末に獲得した選手が、プロで成功しなくても、スカウトは反省しないからだ。

「迷ったから、やっぱり駄目かなと思ったんだ」

と思うのがオチである。だが自分が惚れこんで、間違いなく成功すると信じた選手がものにならなかった場合はどうか。

「なんでや、なんで成功せんかったんや」

と自分の眼のどこが足りなかったか猛省する。どこに見立て違いがあったのか、真剣に分析するようになるからである。

その中で、獲った選手が3人のうち1人でも一軍に入れたら成功と言わなければならない。スカウティングは、打率3割で成功である。

●正しい評価は、担当外の選手も見て可能になる

あるスカウトは、球団のドラフト会議の戦略は、「3位以下で獲った選手がいかに活躍できるかにある」と言う。ドラフト1位、2位に挙がる選手は、誰が見てもいいと決まっている。3位以下になると評価が人によって変わる。「プロ向きだ」と言う人もいれば、「社会人向き」という人もいる。ここでスカウトの真贋《しんがん》を見る姿勢が問われる。

このときに、5位指名の選手を3位指名で獲るなど、順序を間違えないことが大事である。5位指名で獲るべき選手は5位で獲る。例えば、隠し球で他球団に気づかれていない選手がいたとする。おそらく5位まで残っているだろう。それなら、その選手をわざわざ3位で指名する必要はない。本来3位で獲るべき選手を、他球団から先に指名されてしまう。

この駆け引きは非常に難しい。平成23年に引退した東京ヤクルトスワローズの左腕石井弘《ひろ》寿《とし》がそうだ。千葉県の東京学館高校のエースで、荒れ球が武器だった。甲子園大会には出ていないが、練習試合で1試合20奪三振という記録も残している。球も速く、馬力もある。

このとき近鉄の河西俊雄は「博打《ばくち》の子やな」と言った。博打とは、一かゼロ。成功すれば大物になるが、上手く嵌《はま》らなければ使いものにならない。

「だが賭《か》ける値打ちはある」

河西は決断した。平成7年のドラフト会議で、近鉄は石井を4位指名で行くつもりだった。だがヤクルトも同評価。この年のドラフト会議は、1位、2位は逆指名、3位以下はウェーバー制度での指名方法で、順序はヤクルトが先だった。石井をヤクルトが4位指名し、近鉄は獲ることができなかった。

石井は球速155キロという日本人左腕最速を記録し、最優秀中継ぎ投手のタイトルを獲得するなど、ヤクルトのリリーバーとして活躍した。博打が上手く当たったということになる。

このように3位以下の選手については、評価が難しく、その評価の高低によって他球団に掠《さら》われるケースも出てしまう。大事なことは、スカウト活動の中で、他球団の動きを察知することである。あの球団は、どのポジションを補強しようとしているのか。投手なのか、シヨートなのか、捕手なのか、どこに重点を置いているのかを知ることで、球団の指名順序も予想がつく。自分のチームがある捕手を指名したいとき、他球団も捕手に重点を置いているなら、先に獲られないように、先回りして指名順序を上げなければならない。

「よその補強方針を考えながらやることが大事です。ドラフト会議前日や前々日は考え過ぎたり、迷ったりして眠れないですよ」

高松は語る。ドラフト会議には、そういう頭脳戦の要素もある。

通常、ドラフト3、4、5、6、7位の選手の優劣をつけるときに、同じチームでもスカウト間やフロントの中で評価が割れる。

多くの球団のランク付けの方法は「S、A、AB、BA、BB、C」といった順序である。Sはスーパースター、Cはドラフト対象外。一番多い評価は、BAである。チームの各地域の担当のスカウトから、「BA」の評価で挙げられる選手は、20人ほどになるという。ドラフト指名順位で言えば、6位から7位相当の選手で、指名するかしないか瀬戸際の選手たちである。当然すべての「BA」の選手を指名することはできない。

そうなると、「BA」の選手を、さらに細かくランク分けしなければならない。高松延次は、独自の査定方法を行っていた。「BA」をさらに10段階に分けて、「BA10点」「BA9点」などと点数化した。だが、高松の評価と他のスカウトの評価が食い違うこともある。高松は部長職だから、全国の有望な選手をほぼ見ている。彼が出した「BA3点」という評価に対し、担当地区のスカウトは「AB」という高い評価をするときもあった。

またAという選手とBという選手が同じ評価だったとする。しかしどちらかを指名リストから落とさなければならない。あるスカウトは、Aが上だと主張する。別のスカウトはBが上だと言う。スカウトは二人の選手を見ていなければ、議論に入っていけない。

「チームにスカウトは9人いたので、近畿担当のスカウトは近畿の選手だけを見て、評価を下します。北海道担当のスカウトは北海道の選手だけを見ます。するといろんな地区からBAの選手が挙げられてきます。同じBAの選手でも、他の地区とは比較ができない。このとき僕は北海道担当のスカウトに、他の地域のBAの選手を見て比較するように言いました」

だいたい5月、6月、7月にはおおよそのドラフト候補の選手がリストアップされる。そこで同じ評価、あるいは高松の評価と担当スカウトの評価が食い違っているときは、他の地域の選手を見ることで、相対的な評価をさせるようにした。地域によって野球のレベルの高さが違うから、他の地域も見ることで、スカウトも担当地域という枠から離れて、全体から見た選手の評価ができるようになる。

「同じ地域の選手だけ見たら、他の地域の選手と比較ができないのです。僕は〝この地域のこの選手と比べてきてごらん〟と言いました。お金はかかりますが、ドラフトに挙がる選手を早めに絞って、それぞれの担当スカウトが交流して皆で見に行くようにしました」

それでも意見が分かれるときは、最終的にはスカウト部長が判断した。通常どの球団でも春までに２５０人の選手がリストアップされるという。さらに夏が終わる頃には、１００人に絞る。ここからドラフト会議までに７名ほどにしなければならない。スカウティングは削る作業、と言う人もいるが、その削る作業を正しく行うためには、正確な評価が行われなければならない。

【人を見抜くポイント】その18
判断力、決断力は人を多く獲ってこそついてくる。失敗の経験を反省することで、確かな眼が養われるからだ。その際、欠点も長所も混在する人物を見るときは、担当外の地域の人

材も見て、比較すれば、なお客観的な判断が可能になる。失敗を恐れ、獲らないスカウトは成長しない。組織での人材採用も同じだ。

第2部　人を口説く

第1章　距離を縮める

スカウトは人材を発掘するのがすべてではない。光る原石を見つけたら、選手を球団に入団させなければならない。資金も豊富で、人気のある球団なら、交渉もスムーズに行く。しかし資金も乏しく、知名度もない球団は獲得に難儀する。昔のパ・リーグはそうだった。辣《らつ》腕《わん》のスカウトは、「おたくには行かない」と言い張る選手をどう口説いて入団させたのか。

スカウトによって、交渉をどう導くか方法は様々だ。相手も人、どうやって動かすのか。経験に優《まさ》る最良の方法はなし。百戦錬磨のベテランスカウトの手法こそ参考になる筈《はず》だ。かつてのスカウトは選手の家に夜討ち朝駆けして、熱意を前面に出して口説いた。「昨日の夜から玄関に立っておりました」とスカウトが言えば、母親は「ここまでうちの子を思ってくれるのか」と感動する一幕もあった。時代は変わったが、名スカウトの口説き術を見ることで、人を動かす方法を考えてみよう。

●あえて上座に座る

阪急ブレーブス丸尾千年次は、高校球界に豊富な人脈を持ち「丸尾天皇」とまで畏怖《いふ》されたスカウトである。

阪急ブレーブスは、昭和30年代は〝灰色のチーム〟と揶揄《やゆ》されるほど弱く、しかも人気のないチームだった。

地方に行けば、阪急と言っても、誰も知らない。たとえチーム名を知っていても希望されるチームではない。それでも入団させなければならない。交渉するにもずいぶん苦労があった。しかし丸尾は両親や選手と会うとき、決して卑屈にならなかった。

丸尾が取った方法は、交渉で心理的に優位に立つことだ。しかし、巨人、阪神ではないのに、どうやって相手より上に立てるのか。丸尾は自分を優位に見せる方法を知っていた。

丸尾は、１８０センチを超える体軀《たいく》の持ち主だ。当時としては巨体である。しかも、熊本工業時代、鎮西中学にいた柔道部の木村政彦をノックアウトしたという腕っぷしの強さもある。あの「木村の前に木村なく、木村の後に木村なし」と呼ばれた柔道家である。柔和な顔で、選手の自宅に上がり、応接間に通されたとき、彼は物静かに言う。

「失礼ですが、上座に座らせていただきます」

相手も丸尾の迫力に押されて、一も二も無く「どうぞ、どうぞ」と言ってしまう。ここまでくれば、90パーセント交渉相手より優位に立ったことになる。しかも丸尾は球界でも屈指の読書家である。とくに城、歴史ものが好きで、その教養は学者レベル。どんな地域にどんな城や名所があるかすべて知っている。そこで辺鄙《へんぴ》な田舎でも、丸尾が優しい口調で、その土地の歴史など話し始めると、家族は決して悪い気持ちはしない。

「おらの町をここまで知ってくれとるんか」

という思いになる。地方に行けば行くほど地元の郷土愛は強い。そこで上座に座って話をし始める。背後には、仏壇や、ご先祖の遺影がある。相手は、いつしかご先祖や仏壇から話を聞くような気分になってしまう。次第に相手はへりくだった形になってしまう。

物理的な効果もあった。もし下座に座ると、選手の家族の後ろに壁があるから、声が跳ね返り、相手に通じにくい。壁を背にしたほうが声も通りやすい。あとは情熱を込めて、選手サイドに交渉を行う。口説きは、自分が心理的に主導することが成功の条件である。同じ褒め言葉を話すにしても、心理的優位にある者が話すと、その言葉は重く、説得力を帯びる。

【人を口説くポイント】その1

交渉するとき、相手より心理的に優位に立つと上手《うま》く行く。ひとつの方法は上座に座ること。無意識に相手よりも優位に立てる。

●地方の名所・旧跡を熟知すれば、相手は心を開く

今はガイドブック、テレビ、インターネットなどで地方の名所の情報もすぐに入手できる。だがそれでもその地方に足を運ばなければ知り得ない知識というものがある。その地域ならではの歴史、風土、生活習慣、地理など、知られていないことは多くある。そのような分野に精通することは、スカウトにとって大きな武器になる。ひなびた地方に住む選手の関係者にとって、自分の住む土地をよく理解してくれることは、自分を褒められる以上に嬉《うれ》しいものだ。選手の心を搦《から》め手から攻める方法である。

ここでも抜群の手腕を発揮したのが丸尾千年次だ。

「スカウトはプレーヤーを見る前に、人を見る眼を養わなければならない。そのためには本の上でも、より多くの人間に接したほうがいい」

スカウトとして普遍的な人を見る眼を養うためだ。彼が読むのは、歴史上の人物や有名人を主人公にしたノンフィクションが多かった。中でも好きだったのは、東京裁判により文官でただ一人処刑された広田弘毅《こうき》の伝記である『落日燃ゆ』(城山三郎)であった。丸尾は、選手を探して全国を巡る道中で読み耽《ふけ》った。その間に読んだ冊数は、数百冊を下らない。

さらに料理の本、剣豪小説も読むことで、知識を増やした。同時に郷土の名産、藩の歴史、

地元の政治、囲碁、将棋まで知識は及ぶ。好きで読む本だが、交渉の席で相手の心を繋《つな》ぎとめたり、間ができたときに、ふいに雑談をするときに役立つという。

電車の中では、乗客の何気ない会話を耳に留め、方言を覚えておく。それを交渉の席で、自然に使うのだ。場がなごむのは必至である。

もちろん父親の本業の知識に精通するのは、ハートを摑《つか》むためにも大事だ。

「選手の父兄や後援者に会って交渉するときも、球団や親会社の説明だけでは間が持たぬ。毒にも薬にもならないよもやま話をするが、〝この町のお城は〟〝あの古戦場では〟といった話をすれば、ある程度の年齢の人は興味を持ってくれて、相槌《あいづち》を打ってくれるものだ」

そこから話が弾むこともある。

「夕食でもどうぞ」ということになり、プロ野球界の現実、裏話、野球とは関係のない雑談も始まり、賑《にぎ》やかな食卓となった。その夜は泊まらせてもらうことになった。翌朝誰もが帰るものと思ったら丸尾はきっぱりと言う。

「契約のハンコをいただくまで泊まらせていただきます」

この熱意に押されて、入団契約をした選手もいた。

ときには他球団のスカウトと出くわすこともある。丸尾は、選手の家で鉢合わせがないように、目的の駅から3つ離れた駅の近くの宿を使った。夕方まで寝て、夜になって選手の家に行く。当然他球団のスカウトは帰った後だ。その後夜の2時、3時まで粘って話し込む。阪急のある投手に対しては朝の4時まで粘って入団合意を取り付けたという逸話もある。8時間も9時間も相手の心を繋ぎとめるのには、豊富な話題がものを言った。

丸尾は粘ることも得意だった。ある年、秋田にいる投手をドラフト会議で指名した。選手はあまりプロ入りに乗り気ではなかった。だが、丸尾は球団に「俺が何とかする。落とすから指名してくれ」と言った。丸尾は秋田に1カ月滞在。徹底して選手を口説きまくった。結局、ある球団から横やりが入って入団には漕《こ》ぎ着けなかったが、これも自由競争を生き抜いたスカウトの粘りであった。

【人を口説くポイント】その2
雑学、博学、すべての知識を持つと意外な効果も。選手の郷里の歴史、地理に詳しければ、相手は胸襟を開き、話が弾む。丸尾は、そこで押しの一手で、交渉を粘って、契約を成立させた。教養はどんな方面にも力を持つ。

●手練手管と真心

自由競争時代のスカウトは、まず地方の旅館の女将《おかみ》さんを手なずけたという。他球団のスカウトが来ていたら、すべて情報を得る仕組みになっていた。行動が筒抜けだったのである。

戸部良也著の『白球の星を追え!』（講談社）には、自由競争時代のスカウトの手練手管の方法が描かれている。

あるベテランスカウトは、選手の家に行くときにあえて手土産を持参しない。

その代わり、父親の趣味を徹底して調べる。玄関に立派な秋田犬がいた。

「立派な秋田犬ですなあ」

そこでひとしきり犬の話に聞き入り、父親の気持ちをくつろがせる。

そのスカウトは、眼鏡を掛けると人相がきつくなるので、相手が打ち解けるまでは眼鏡をしない。人懐っこい顔だ。

話が本題に入ったとき眼鏡を掛ける。人相が一変して怖い顔つきになる。相手はたじろぐ。

そこで押しの交渉を展開した。

交渉が煮詰まったとき、スカウトがテレビに目を向け、「失礼します」とスイッチをオンにした。ちょうどチームの試合をやっていた。選手も、両親もテレビに見入る。チームの攻撃で3番、4番にヒットが出ても、後が続かない。

「これではいけませんなあ」

スカウトが呟《つぶや》く。

「私が息子さんをぜひともウチへと申し上げる理由が、おわかりいただけますかな。3番、4番にヒットが出た後、息子さんに打席に入っていただいて、一発かましていただければ、どんなにいいチームになるか」

この回の攻撃は0点。スカウトは困ったような表情をした。相手も同情し、話を聞いてくれた。その帰りに、スカウトは高級万年筆を渡した。相手は恐縮したが、スカウトは言う。

「お父さん、この万年筆で、いずれ息子さんに契約のサインをしていただけたらという私の願いがこもっているのです」

殺し文句であった。このような何気ない一言が相手の心を射止める。

三枚目を演じることもある。

父親が風邪で伏せっていると、部屋に入るなり、タオルを洗面器で洗い、冷たくして額にのせてやる。すぐに座敷に行き、一杯になった選手の賞状を眺める。野球に限らず、学業から書道、ソロバン、他の競技まである。これらをしみじみ眺めスカウトは述懐する。

「息子さんは秀才ですなあ。わしは頭悪くて、これだけの表彰状貰《もら》ったことはないですよ」

父親が感激する場面である。

あるいは約束の日より2日前に、選手の実家に行くこともある。

「すぐに会いたくて、もう待てませんで」

と非礼を詫《わ》びる。ただどのスカウトも言っているのは、手練手管は、計算しつくして練り上げた方法ではなく、相手のことを惚《ほ》れぬいて、考え抜いたときにふっと湧いて出た行動であり、言葉だったという。その言葉、行動は、本心からのものだった。

【人を口説くポイント】その3
手練手管は交渉には必要だが、大事なことは相手のことを必死で思い続け、惚れ続けること。そこから出た言葉や行動は、術策であっても、相手を動かす力を持つ。

●寝食を共にする　ダイエー・小久保裕紀

当時ダイエーホークスのスカウトだった池之上格は、それまで球団が行っていなかったアマチュアの全日本チームの海外遠征に同行することを提案した。彼がスカウトになったのは、平成2年だった。前身の南海ホークスから、ダイエーに球団譲渡して2年目。何とか編成部門でも新しい方法を導入して、強いホークスにしたいと考えていた。これまでのホークスはBクラスに低迷していた。

強くするために、ダイエーが採った方法がある。平成5年から始まったドラフト会議の自由枠で全日本のナンバーワン、ナンバーツーの選手を入団させることだった。

「これをやるためには、とにかく投資ですよ」

当時のダイエーの資金は豊富だったので、球団社長は言った。

「投資はしていいぞ。しかし回収しないと投資じゃないぞ」

南海時代末期のスカウトの伝票を計算したら、2000万円台にしかならなかった。資金が無いので緊縮財政。動けば金を使う。そのため「動くな」が、当時の暗黙の了解だった。

ダイエーがどういう戦略を取るか、というときに二つの方法があった。一つは広島東洋カープのように高校生の選手を獲《と》って、地道に育てていく方法である。金は使わないが、時間はかかる。もう一つは巨人のように潤沢な資金を使って、即戦力の選手を獲得する方法だ。

ダイエーは、後者を選んだ。

「日本で一番いい選手と二番目にいい選手を10年獲り続けたら、ダイエーは変わる」

それがチームの信念になった。そのため、ダイエーのスカウト活動資金は5倍に跳ね上がった。とにかく動かなければ、選手は獲得できない。

このとき池之上は、それまでホークスでやっていなかった全日本チームへの同行を申し出た。当時のオリンピックは大学、社会人野球の選手で構成されていた。全日本は人材の宝庫である。彼らと行動をともにすることが、アマトップの選手を獲得することに繋がる。平成4年にバルセロナオリンピックが開催。このとき日本は銅メダルに輝いているが、東芝の杉山賢人《けんと》（後西武）、三菱《みつびし》自動車京都の伊藤智仁《ともひと》（後ヤクルト）、青山学院大学の小久保《こくぼ》裕紀《ひろき》（後ダイエー）、日本生命の大島公一《こういち》（後近鉄）、たくぎんの佐藤真一《しんいち》（後ダイエー）、日本石油の小檜山《こひやま》雅仁《まさひと》（後横浜）らの選手がいた。

だが、球団としても初めてのケースで許可が下りない。内部では「そこまでしなくても」という意見もあったが、池之上はさらに粘った。

「他球団があまりしないことを、ウチが先駆けてやるスタンスを取らなければ、ダイエーは球界トップにはなりません。これが企業のあるべき姿じゃないでしょうか。アマ球界の錚々《そうそう》たるメンバーが行きます。このチャンスを活《い》かさない手はありません」

7月下旬にバルセロナオリンピックに選手団は遠征する。球団の許可が下りたのは7月中旬だった。以後、6年間、池之上は24度も全日本チームの海外遠征に同行した。もちろん彼が乗る飛行機の席は選手たちのいる上等な席ではない。エコノミークラスの座席だ。しかし選手団の乗る便を調べて、同じ機に乗った。

海外までの十数時間の長旅で、選手たちは座席の空いているエコノミークラスに移動してくる。そこで選手たちは空いている数席の座席をベッド代わりにして寝るのである。次第に距離も近づき、長い旅の中で自然と会話もできる関係になった。

給油のために飛行機が着陸すると、数時間が空く。そこで選手たちとコーラを一緒に飲むまでの仲になった。カップヌードルを渡すと、他の選手たちに配ってくれ、次に会ったときは「池之上さん、有り難うございます」とお礼を言ってくれた。

「エコノミーですから足はパンパンに張って、靴も履けないくらい痛かった。それでも現地に着いたら球場へ行くわけです」

その中で後にダイエーに入団する小久保の姿も見ることができた。彼と何度も会うことで、竹を割ったような性格で、自分の考えをしっかりと持っている青年だとわかった。プレーも人一倍懸命に取り組む選手だった。

帰国して神宮球場に試合を見に行くと、三塁を守る小久保と目が合う。池之上が手を挙げると、彼は帽子の鍔《つば》を触って、挨拶《あいさつ》を返してくれた。

平成5年のドラフト会議で、1位に神奈川大学のエース渡辺秀一《ひでかず》、2位に小久保裕紀がダイエーを逆指名して入団してくれた。渡辺は新人王に輝き、小久保は入団2年目に本塁打王になるなど、すぐに頭角を現した。

圧巻は、平成8年のドラフト会議だった。1位に青山学院大学の井口忠仁《ただひと》、2位に新日鐵君津の松中信彦の逆指名に成功。井口、松中はアトランタオリンピックの日本代表で、銀メダルを獲得。3位にも九州共立大学の柴原洋《しばはらひろし》、4位に青山学院大の倉野信次《しんじ》、5位に東芝の岡本克道《かつのり》を指名。皆ダイエーの中心選手に育ち、平成11年、12年の優勝の主力となった。

池之上は言う。

「他球団に、全日本チームについて行ったということでプレッシャーも与えられます。そして選手たちといる空間を長く持ったことで、彼らとの距離が縮まったと思います」

ともに飛行機での長旅、海外での試合に何度も同行することで、全日本の選手たちと池之上は「同じ釜《かま》の飯を食った」仲間になったのである。

【人を口説くポイント】その4

高嶺《たかね》の花の選手たちとも、遠征など日常をともにすることで親近感が芽生えてくる。長期間の遠征で一緒にいれば、彼らとの距離が一気に縮まる。古くからの言葉「同じ釜の飯を食う」は、真実なのだ。

●熱意が大物を動かす　西武・松坂大輔

平成の怪物、松坂大輔。横浜高校時代に選抜大会、夏の全国選手権大会で優勝。高校生で152キロの球を投げていたという豪腕だった。西武ライオンズ入団1年目から16勝を挙げ、最多勝利投手。通算3回の最多勝、最優秀防御率2回、最多奪三振4回、沢村賞、新人王を受賞した。後にメジャー・リーグに移籍して、レッドソックスの1年目に15勝、2年目には

18勝3敗、防御率2．90という成績を挙げた。

彼が高校時代に希望した球団は横浜ベイスターズであった。

ドラフト会議前にも「僕は横浜しか行きません」と自身の口から語っていた。松坂をそう言わしめたのは、横浜のスカウト稲川誠の熱意が大きかった。

稲川は現役時代は、2年連続20勝を挙げた右のエースである。スカウト以外にも、投手コーチも長らく務めた。長い球歴で、スカウト生活は14年に及ぶ。彼は関東地区の担当だったから、横浜高校に2年生のいい投手がいると聞き、足を運んだ。それが松坂だった。彼は2年の春に突然頭角を現した投手である。試合の後半になっても球の速さは落ちない、スタミナもある。しかし優勝候補の筆頭に挙げられながら、2年生の神奈川県大会では不覚にも準決勝で敗《やぶ》れた。

だがこのときから稲川の眼には、センス抜群の投手に映った。彼の理論は「投手のセンスは打撃に通じる」である。松坂は球も速いし、決め球も持っている。いずれも素晴らしかったが、フィールディングもいい。それに打撃がよかった点が、稲川の眼に留まった。

松坂は高校時代4番を打った時期もあり、本塁打も14本打ち、チームでも主力打者だった。

「僕は投手を見るとき、打撃を重視して見るのです。中にはピッチングだけで大成する選手もいますが、エースで8番、9番を打つ選手は大成しません」

そして稲川は思った。これは欲しい投手だ、と。同時にどうしてもこの大物投手を獲らなければいけないと思った。じつはこの年（平成10年）、横浜は昭和35年（当時は大洋ホエールズ）以来、2度目の優勝をしている。

大洋は、昭和35年に2位巨人に4．5ゲーム差をつけての初優勝。日本シリーズも4連勝して、日本一となった。だがこのオフ、チームの補強は十分ではなかった。翌年大洋は最下位に転落する。

稲川は大洋が優勝した2年後に入団しているが、優勝したからといって慢心することなく、十分な補強をしなければいけないと考えた。そうでなければ前回の二の舞になる。稲川は、2度目の日本一で沸いている中で、球団社長に進言した。

「今年の補強が絶対大事ですよ」

社長も稲川の言葉に耳を傾けた。さて稲川は松坂が2年生になった春先から毎日通った。彼の胸中はただ一つだった。

「高校生の場合は、指名が重複したら抽選だ。だから松坂自身から〝横浜に行きたい〟と言わせたら、プロのスカウトとして成功だと思いました」

巨人や阪神とちがって、「横浜だけには行きたくない」という選手がいるのも事実だ。しかし、松坂は球団にとって同じ横浜市という縁がある。地元のスターが、地元の球団に入団して活躍すれば、市民もいっそう喜ぶ筈である。

稲川は監督の渡辺元智《わたなべもとのり》、部長の小倉清一郎《おぐらきよいちろう》にも挨拶をした。やがてグラウンドで目が合えば、二人はお辞儀するようになった。稲川の熱意は松坂にも二人を通して伝わっていく。すでに60歳を過ぎたスカウトが、毎日横浜高校のグラウンドに通った。学校は最寄り駅から歩いて丘の上にある。息を切らしながら、松坂を見に行く。地方の遠征にもついていった。

その姿を松坂はマウンドから見つめている。稲川は昼間は他の学生野球を見て、夕方には必ずグラウンドにやって来る。相当体にも応《こた》えている筈だ。

それでも松坂を一目見たい。その思いは松坂の気持ちをボディーブローのようにじわじわと揺り動かした。松坂は思った。

「稲川さん、また今日も自分を見てくれた。僕が2年生のときから毎日……」

しかも横浜ベイスターズは地元の球団で愛着も深い。何よりチームも強くなっている。甲子園大会も終わり、秋に横浜ベイスターズは日本一になった。稲川は言う。

「松坂だってプロに行きたいわけだから、来るように一生懸命やったわけですよ。監督や部長にも話したし、毎日行くことで熱意が伝わったと思います。地元の球団ですと、必死に伝えれば、次第にこっちに気持ちが傾きます。それは松坂本人にも伝わったと信じます」

日本一の高校生投手が、日本一になったプロ野球チームに行くのは、ごく自然の道理ではないか。ついに松坂は公の席で語った。

「横浜以外には行かない。もしよそに指名されたら日本石油に行く」

稲川はこの段階で、がっちりと松坂のハートを摑んだ。それはひたすらな熱意であった。

「横浜に行きますと言ってくれたことは、スカウトとしては大成功なのですよ。高校生に逆指名権はないから、獲れる獲れないは別としてもね。でも僕は獲れると確信していたのです」

ドラフト会議の前夜、稲川は空を見た。

「松坂を指名できますように」

夜空には獅子《しし》座流星群が見られた。獅子座というのが気になった。獅子はライオンズの象徴だからだ。翌朝の新聞を見た。今日の最高の運勢は獅子座だった。また不安になった。競合したときは、横浜の監督の権藤《ごんどう》博がクジを引くことになっている。権藤はいて座だった。

「獅子座といて座は星の回りが近いんだよね。そしたら競合になった」

ドラフト会議では、やはり西武、日本ハムの2球団が果敢にも指名してきた。これに横浜。

抽選で当たりクジを引いたのは西武だった。

会場の控え室では必死で涙を堪《こら》えていた稲川だが、家に帰ってから号泣したという。

「もう涙が止まらなくてね」

彼の2年間の松坂詣《もう》での日々が、脳裏を駆け巡った。その熱意に打たれ、松坂も横浜を希望した。しかし、稲川と松坂の願いは非情にもクジによって、すべて水泡に帰した。惚れこんだ男は稲川の許《もと》から去って行った。

横浜は優勝の翌年、3位に沈んだ。ただし勝率は.526で決して悪くはなかった。勝負に「たら、れば」は禁物だが、松坂が入団し、西武での1年目の勝ち星16を足せば、横浜は二連覇できた計算になる。

ドラフト制度の決まりによって、横浜は松坂を逃したが、スカウト稲川の熱意によって、気持ちを横浜に向けたことは、スカウトとしては大成功だった。手練手管も大事だが、人の心はやはり相手の熱意によってこそ動かされる。

【人を口説くポイント】その5
高嶺の花を動かすには、金でも策でもない。やはり熱意。選手に惚れこんだ情熱は、岩を溶かすように、人の心も溶かす。人の心を動かすのは、単純なようだが一途《いちず》な思いである。

●徹底して惚れぬく　北海道日本ハム・ダルビッシュ有

今世紀最大の日本人投手の一人として、ダルビッシュ有《ゆう》を挙げることに異存はないだろう。

195センチの長身から投げ下ろす速球は、高校生ですでに150キロ近くあった。2年の春、夏、3年春、夏と甲子園大会に出場。とくに3年時の選抜大会では、ノーヒット・ノーランを達成し、高校生ナンバーワンの評価をつけられた。

後に北海道日本ハムファイターズにドラフト1位で入団。2年目から12勝5敗と飛躍し、以後怪我の年を除き、毎年15勝以上の成績を挙げている。最優秀防御率2回、最多奪三振3回、最高勝率1回、MVP2回、沢村賞1回とタイトルを総なめした感がある。

平成24年にメジャー・リーグのテキサス・レンジャーズへ移籍、1年目で16勝を挙げ、海外でも実力を見せつけた。じつは高校時代に折り紙つきの実力を認められながら、ドラフト会議では北海道日本ハム以外にはどこも競合する球団が現れていない。

ほとんど日本ハム一本釣りの形で、ダルビッシュを入団させている。そこには稀代《きたい》の投手に惚れこんだチームの戦略と熱意があった。

編成を担当した三沢今朝治は、すでにダルビッシュが2年生のときから注目していた。三沢は、これだけの投手だから、最低でも6球団がドラフト会議で競合するだろうと予想した。

「これだけの投手ですから競合は確実。だから、すぐに獲得するというアドバルーンをよそに先駆けて揚げたのです」

彼が素晴らしい投手だから、という理由だけではない。日本ハムは、平成16年に北海道日本ハムファイターズと名称を変え、本拠地は東京ドームから札幌ドームへの移転が決まっていた。それだけに北海道で目玉となるスター選手が球団としてもぜひ欲しかった。メジャー・リーグから新庄剛志を獲得したが、次代のスターにはダルビッシュは欠かせない選手だった。

「彼がうちに来る、来ないは別にして、指名すると決めたわけです。周りに〝何を言っているんだ〟と思う人はいっぱいいたでしょう。それでも行こうと決めたのです。セ・リーグの球団に行かさないための戦略でもありました」

当時の日本ハムは平成13年は最下位、14年は5位と低迷し、人気の面でもダイエーホークスの後塵《こうじん》を拝していた。翌15年からアメリカのマイナー・リーグで、11年間の監督経験のあるトレイ・ヒルマンを監督に抜擢《ばってき》した。外国人監督に加えて、北海道移転で新しい日本ハムが生まれようとしていた。

だが、高校3年になるとダルビッシュは速球が走らなくなり、マックスでも140キロを超えるのがやっとという状態になった。元来が器用な投手なので、シンカーなどの変化球を駆使するようになって相手を抑えていた。このときに他球団は失望して、手を引いたと言われている。

しかし北海道日本ハムは、ダルビッシュが3年生になっても、獲得の方針を変えなかった。

彼の魅力は「腕のしなり」「体のしなり」である。このしなりがあると、投げた球がムチのように伸びる。いくら変化球を多投するとはいえ、そのフォームは失われていなかった。

捕手のミットを押して後退させるような威力のある球は健在だった。

「スピードが落ちたのは心配でしたが、あれだけの長身ですから、彼の潜在能力は少しも変わらないと思いました」

三沢は述懐する。

球団からは即戦力の大学生投手のほうがいいのではないか、という意見も出たが、三沢はダルビッシュに拘《こだわ》った。

「その大学生投手は1年目で10勝くらいする力はありました。でも将来のことを考えたら、ダルビッシュはスターになれる可能性が大きいし、将来性がある。やはり彼で行きましょうとなったのです」

他のスカウトもダルビッシュ指名を言い続けた。

ドラフト会議では3球団は1位指名で来るだろうと三沢は予想したという。ところが会議が始まってみると、北海道日本ハムの単独指名になった。

そしてダルビッシュは北海道日本ハムに入団する。

ダルビッシュの父親は指名のときスカウトに言ったという。

「ファイターズさんは、2年生のときからうちの息子を評価してくれた。来年1位指名すると真っ先に言ってくれた。嬉しいことですよ」

一番先に獲得の姿勢を示し、1位指名で行くと伝えることは、相手にとってこれ以上嬉しいことはない。その姿勢を本人の調子が悪くなっても変えなかった。その点も、ダルビッシュの家族の心を捉《とら》えたのである。

ダルビッシュがメジャー・リーグに移籍するとき、彼の父親から三沢に〈お世話になりました〉と丁寧な手紙が届けられた、という。

北海道日本ハムは、ドラフト会議では果敢に超大物にアタックしている。ダルビッシュ以外にも早稲田大学の斎藤佑樹《ゆうき》を指名し入団させている。近年でも巨人入りを熱望していた東海大学の菅野《すがの》智之《ともゆき》を1位指名している。

さらに歴史を辿《たど》れば、巨人以外に行かないと言ったPL学園の清原和博、横浜以外に指名されたら社会人野球に行くと言った松坂大輔、あるいは東海大の原辰徳にも果敢に1位指名していた（この3人は抽選の末、交渉権を得られず）。昨年はメジャー入団が濃厚な大谷翔《しょう》平《へい》を交渉で覆し、入団させるのに成功している。

「うちは逃げないというのが一つの伝統で、それがスカウトの生き様なところがありますね。昔からいい選手がいたら、果敢に行くと。それだけにスカウトの覚悟はいりますが、そこは交渉で頑張ると決めていましたね」

三沢は述懐した。日本ハムは安全策で、100パーセント来てくれる選手を指名するのではなく、来てくれるかどうかはともかく、いい選手を獲りに行った。編成力の一貫した強さが、平成18年から平成24年までの優勝4回（うち日本一1回）に繋がっている。

【人を口説くポイント】その6
一度惚れこんだ相手には、選手の調子が悪くなっても、獲得の方針を変えない。しかも他球団より早く、獲得の意志を伝える。熱意は選手や両親にとって、これほど嬉しいことはない。それが快腕と呼ばれた投手の入団に結びついた。

●どうしても獲りたい選手は奥の手を使う

いい選手を獲りたいが、球団のフロントが乗り気でない。とくにスカウトが掘り出しものを見つけたときがそうである。このとき、スカウトはどのような方法で上層部を説得するか。

巨人の守備の名手に古城《ふるき》茂幸《しげゆき》という内野手がいる。すでにベテランの域に達しているが、内野のすべてのポジションをこなすなど、チームにとって無くてはならないユーティリティプレーヤーである。彼の持ち味はしぶとい打撃にもある。平成18年の得点圏打率は4割を超え、翌年も3割、平成23年も．375を記録しており、規定打席には達していないが、勝負強い打撃はチームの危機を救っている。平成23年8月3日の阪神戦では同点で迎えた最終回に、藤川球児《きゅうじ》からサヨナラ本塁打を打っている。いぶし銀の選手だが、どこでも守れて、代打、代走でも使える選手は、チームの戦力を厚くする。監督としても大いに重宝する選手だ。

古城は、平成9年にドラフト5位で日本ハムに指名されたが、実質はテスト入団だった。

古城は、千葉県柏《かしわ》市の出身、中央学院高校に入ったが、夏の県大会では準決勝で敗れている。国士舘大学に進んでからは、2部リーグで3度打率3割をマーク、俊足で35盗塁を記録した。本人はプロ野球を志望していたが、身長は174センチと小柄だ。たまたま当時の国士舘大学の監督が日本ハムのスカウト田中幸雄の知り合いだった。監督は、田中に言った。

「いいショートがいるんだが、獲ってもらえないだろうか」

古城のことである。非常に動きも軽いし、フットワークもいい。守備範囲も広く、肩もいい。プロでも十分やっていけると田中は判断した。

だが、スカウト会議で古城を推薦すると、フロントの回答は「枠がいっぱいでもう選手は獲れない」だった。しかし本人のどうしてもプロへ行きたい、という気持ちは変わらない。

田中も現場、とくに二軍コーチが彼のプレーを見たら、守備のセンスに驚くと考えた。

ここで田中が考えたのは、日本ハムの入団テストを一般の受験者に混じって受けさせるという方法だった。

受験生は約200名集まった。遠投、走力の一次審査にパスできるのは5名程度。古城は俊足、強肩だからもちろん合格。次は実技試験だ。実際に内野を守ってノックを受ける。そこには二軍コーチの眼が光っている。とくに際立ったのは、捕球してから投げるまでの動作の速さだった。捕球も堅実、スローイングもいい。彼を見たコーチたちは、「あの守備は使える」と判断した。テストは合格だった。

古城の力をフロントも漸《よう》く認め、その年のドラフト会議に指名することを決めた。

日本ハム入団後は、二軍総合コーチの白井一幸から徹底して基礎を鍛えられ、彼は守備に自信をつけた。

平成15年はショートとして1試合11補殺を記録し、パ・リーグタイ記録を達成した。日本ハムで7年間プレーした後、巨人に移籍。

古城には忘れられないプレーがある。平成22年9月7日の横浜ベイスターズ戦であった。3回裏に自らのエラーで巨人は4点を失う。しかし直後の4回に自らタイムリーヒットを打ち、6回には同点本塁打も放ち、結局巨人は6対4で勝った。自らのエラーを帳消しにして、打撃で取り戻す精神力。評論家の伊東勤（現千葉ロッテマリーンズ監督）は「エラーして落ち込んだだろうが、すぐさまそれを自ら取り戻すたくましさ。この精神力にプロの根性を見た」と評価した。

プロ入り前、スカウトの田中が技術以外に評価したのは、古城の性格のよさだった。

「いい性格とは、自分の芯がしっかりしていながら、人の言うことも聞けること。素直さとある程度の頑固さ。監督やコーチが説明しても、バリアを取り払ってわかろうとする気持ちですね。能力、理論は選手よりも長くやってきたコーチのほうが経験値を含め、いいものを持っているわけです。性格がわかれば80パーセントの確率で働ける選手を獲れます」

その性格のよさは、古城のプロ入り後、いい指導者に恵まれるという幸いをもたらした。白井コーチのもとで、守備の基礎を培えたことだ。

「古城は体が小さくて、本塁打も3本くらいしか打ちませんが、サヨナラ弾だったり、プレーオフで打ったりと、ここぞという場面で打ちます。他球団も目をつけていなかった選手を獲得することができ、14年以上も長く活躍している。僕との出逢《であ》いがなければ、と思うと、スカウト冥利《みょうり》に尽きますね」

田中は、今でもそう実感している。

【人を口説くポイント】その7

掘り出しものの選手を見つけた場合、なかなかフロントは評価してくれない。このときどう上層部を説得するか。一般も交えた入団テストという公の場に選手を出すことで、首脳陣に実力を認めさせる方法もある。組織でも同じ。上層部にじかに見てもらう機会を作れば、

本物なら、必ず目を留めてくれる人はいるものだ。

第2章　殺し文句

スカウトはいろいろな殺し文句を、トランク一杯持っているのではないかと思われがちだが、意外に「これぞ」という決め手のセリフは持っていない。だが、交渉を何年も重ねるうちにふと出た言葉が、相手のハートを捉《とら》え、虜《とりこ》にしてしまうことがある。

殺し文句は、万人に共通する言葉ではない。「人を見て法を説け」と同じで、相手によって発した言葉が輝いたりする。日頃地道なスカウティングをし、相手をよく知っているから、最良の言葉が生まれる。女性に対する殺し文句と同じように、言葉だけでは殺し文句は存在しえない。ふだんからどれほど相手を知り尽くし、思っているかがものをいう。

●相手をよく知ることで決め手のセリフが生まれる　阪神・安藤優也

阪神のスカウト池之上格は、こう言っている。

「選手に惚《ほ》れることが大事です。技量の素晴らしさ、野球に取り組む姿勢、全力疾走をする姿、動作がしっかりしているか、目に映るところでジャッジできるのはそこです」

そのためよく見ることが大事である、と彼は言う。その中から、この選手は両親にこのような教育をされていたのかと想像する。そこから選手の胸に響く言葉が生まれて来る。

一瞬で判断するスカウトが多い中で、池之上は試合を見に行ったら、できるだけ最後まで粘って見ているほうである。選手たちはこう言う。

「池之上さん、また来てましたね。また最後までいてくれましたね」

彼はダイエーのスカウト時代、新日鐵君津にいた下柳剛《しもやなぎつよし》（後ダイエー、阪神など）から、そう言われた。グラウンドに行く回数が他のスカウトより多かったのだ。他球団に先駆けて動くときは、表に出ないようにして、いかにも評価してない素振りで選手を眺めていた。しかし下柳は彼の行動を見ていた。

試合のとき、多くのスカウトはお目当ての投手を5回まで見て帰って、報告書を書くという。しかし、8回に打たれるときもある。池之上は試合終了まで見なければ、正しい報告書は書くことができないと思い、残る。最後まで球場にいれば、他球団のスカウトは姿を消して、池之上だけが観客席にいる。その姿はベンチの監督からも見える。

「今日もダイエーのスカウトはおられるな」

と監督も嬉《うれ》しくなる。そこでじっくりと試合を見ることで、いろいろな局面を脳裏に刻みつける。それは選手と話す材料が増えることを意味する。後に、池之上は阪神に移ってから、社会人野球ナンバーワンのトヨタ自動車の安藤優也《ゆうや》を獲得（平成13年・自由枠）する。平成15年に中継ぎエースとして51試合に登板し、5勝2敗5セーブを挙げ、防御率は1.62を記録。後に先発に転向して2年続けて二桁《けた》勝利を挙げた。

池之上の眼に映った安藤は、すべての球が低目に糸を引くように集まっていた。マウンド度胸も十分だ。

安藤はある試合でヒットを打たれた。その球は内角へのシュートだった。終盤に、再びその打者に巡り合った。捕手が出すサインに安藤は首を縦に振らない。サインが決まらない。長いやりとりの末に安藤は速球を投げた。その後、池之上は安藤と会ったとき、彼に言った。

「お前、あのとき前に打たれた球でリベンジしたかったやろ。内角で勝負したかったんやろ」

安藤は、驚いたように目を開いた。

「池之上さん、よう分かってますね」

「お前、首振ったやろ。お前の性格やったら、あの球で取り返すと思ったんや」

このとき安藤は池之上を裏切ることはできないと思ったという。

最後の決めゼリフはこの言葉だった。

「そんなお前だから、今弱いタイガースを俺と一緒に変えていこうよ。お前の力でタイガースを変えてくれよ」

安藤は、阪神に入団を決めた。

池之上は、自分から選手にコンタクトしていく。先制攻撃である。話も自分主導である。

「この球で攻めたかったんだろう」

などと話しかけることで、選手から言葉を引き出していく。

「選手はほとんどしゃべりません。こちらから話すことで、いろんな考えを選手から引き出していきます」

やがて、スカウトの問いに答えるという形から、次第に二人の会話に変わっていく。

「僕はあの場面でこう投げたかっただろ、という言葉を殺し文句で使わないわけです。ただ、自然の会話の中では言える材料を持っている人と、持っていない人とでは会話の度量が全然違うと思います」


昭和49年に高校四天王と呼ばれた投手たちがいた。銚子《ちょうし》商業の土屋正勝、鹿児島実業の定《さだ》岡正二《おかしょうじ》、横浜高校の永川英植《ながかわえいしょく》、そして土浦《つちうら》日大高校の工藤一彦である。工藤は昭和49年の夏の甲子園大会で、原辰徳のいる東海大相模を相手に、延長16回を投げ抜き、2対3で敗《やぶ》れた。しかしその力投は本格派投手としての評価を高めることになった。

この年のドラフト会議では、工藤以外の3人は1位指名されたが、彼だけが阪神に2位指名だった。そのことを知ったとき、彼は下を向いたままだった。大学進学に進路を決めようと決心した。会議の翌日、河西がやって来て、真剣な顔で言った。

「工藤君、君が在京球団希望ということで1位にできんかったんや。決して君の実力の問題やないんやで」

四天王で、もっとも注目された定岡は巨人に行く。彼は女性ファンが一番多い。定岡には負けたくない、という気持ちがあった。硬い表情の工藤に、河西は顔を一気に近づけた。

「ええか、ライバルの定岡君は必ず巨人に入る。君のくやしさを伝統の巨人阪神戦でぶつけてみたらどうや。それも高校と同じ甲子園球場や。そこで実力勝負でやるんや。君なら、きっと勝てるわ。阪神に入ったら、それができるんやで」

工藤のベクトルが徐々にプロに向いた瞬間だった。12月中旬に阪神入りが決まった。彼は昭和57年に11勝、58年に13勝と主力投手になった。

プロ通算勝利数は、定岡51勝、土屋8勝、永川0勝、そして工藤は66勝。実力勝負で他の3人に勝ったのである。

あるベテランスカウトは、交渉の最後に「ワシが獲《と》った選手で失敗した人は誰もおらん。

皆大成する」と目を見つめて言う。自分が担当した選手の名前を挙げて、具体的に根拠を示す。そのスカウトの眼が確かであったから、選手の胸を突き刺すほどの効果があった。

日頃のたゆまぬ努力のなかで、生まれるのが「殺し文句」である。

【人を口説くポイント】その8

殺し文句を活《い》かすには、日頃の地道な調査で、選手について話す材料を積むこと。ふとしたときに豊富な材料から、ハートに響く言葉が自然に出て、相手の心を鷲《わし》づかみにする。

●母親を動かす一言　近鉄・金村義明

昭和50年代、プロ野球はセ・リーグに人気があった。高校生にパ・リーグのチームを聞いても知らないし、選手の名前も数人しか知らない。本人の希望は在京セ・リーグ。それも巨人。同じセ・リーグでも阪神は別格として、他の球団を知らない人は多かった。

ヤクルトの片岡宏雄は、まだ知名度の無かったときの苦労を経験している。

「うちがプロ野球チームとして一般に知られるようになったのは、荒木大輔や長嶋一茂が入ってからですよ。それまでは交渉に伺っても〝すんません、ヤクルトの者ですけど〟言うても〝うちはヤクルト取ってるよ〟とお母さんに言われたもんでした」

近鉄の河西俊雄が選手の家に電話すると、親父さんにこう言われた。

「近鉄タクシーなんか頼んでねえぞ」

家族によっては、阪神が応接間で、近鉄は玄関先で会うという違いもあったようだ。そんな苦境をベテランスカウトはどう生き抜いてきたのか。

河西は、交渉には必ずキーマンがいる、そこを攻めることが大事だと考えていた。頑として行きたくない、と言う選手本人を説得するのは至難の業だ。しかし交渉で主導権を握っているのは、選手ではない。背後に選手を動かす人物がいる。その人物を落とせば、自《おの》ずと選手のかたくなな心理に影響を与える。

では入団交渉のキーマンとは誰だろうか。野球部の監督、父親は表向きのキーマンに過ぎない。実権を握っているのは陰の存在である。それは選手の母親である。

母親こそ、カネ、名誉と関係なく、純粋に息子のことを本気で心配し、活躍を願っている。そして家庭内での発言力は一番大きい。母親が入団させたいと言えば、その思いは岩も動かす力がある。表のキーマンである野球部の監督を「イエス」と言わせても、母親（女性）が反対すれば、結論がひっくり返ることはよくある。

近鉄、中日、西武で活躍したスラッガーに金村義明がいる。その彼は、報徳学園高校3年のとき、夏の甲子園大会でエースで4番打者となり、優勝した。

金村の志望先は阪急ブレーブスであった。パ・リーグの強豪球団である。はっきりと「指名されても、阪急以外には行かない」と表明もしていた。阪急とも相思相愛と言われていた。だが「すっぽん」の異名を取り、喰《く》らいついたら放さない河西は、諦《あきら》めるわけにはゆかない。河西は、「投球はごまかしやが、打者として先天的なセンスがある」と判断した。それは天性の長打力である。その要因は、金村の強いリストにあった。実際、甲子園大会でも2打席連続本塁打を叩《たた》きだしている。

ドラフト会議の日、多くの球団は獲得は無理だと考え、金村の指名を回避した。だが近鉄は敢然と1位指名を行った。当然阪急も1位指名。2球団の競合となり、抽選で近鉄が交渉権を得た。金村の心境は非常に複雑だった。突然横から近鉄に入られて、獲られた思いがしたからだ。もちろん返事は「入団拒否」。

河西は金村の母親に会うと言った。

「息子さんからみたら、自分の好きな球団に行きたいやろと思いますわ。お母さんの気持ち、ようわかりますねん。でもええでっか、ここが大事なんです。自分の好きな球団に入ることと、一番チャンスのある球団、これは違うんですわ。いくら好きな球団に入っても上がつかえていたらしゃあないですやろ」

そして母親の前で、本人に向かって、こう呟《つぶや》く。

「一番いいのは、自分の好きな球団に行くことやけど、こういう制度があるから堪忍してな」

徐々に母親の気持ちが動かされる瞬間である。

「可愛い子には旅をさせろと言いますが、お宅のお子さんはそういう星の下に生まれているのかもしれませんな」

最終的には金村は近鉄に入団する。母親が「近鉄さんに行かせたい」と言ったことで、交渉は逆転した。母親が河西の人柄に惚れてしまったからだった。

「お母ちゃんのハートを掴《つか》むというのかね、人情味溢《あふ》れる話を母親にしたみたいですね。お母ちゃんの骨格を見て（獲るの）決めたとか、じつはお母ちゃんに惚れたと言って母親を口説き落としたみたいですね」

と金村は語っていた。河西流の口説き術が成功したのだった。

さて交渉が功を奏して金村は打者として入団した。5年目にレギュラーを獲得。この年サイクルヒットも放ち、23本の本塁打を打った。主に三塁を守り、5番を打つことが多かった。当時の近鉄は猛打が売り物のチームで「いてまえ打線」と呼ばれたが、金村は5番という真ん中の打順だったので「いてまえ大将」と呼ばれた。

河西は、金村が入団した後も、「お前が一人前になるまで俺は死ねん」と励ますことも忘れなかった。獲得した以上、後は知らないでは済まされない。最後まで気にかけ、面倒を見るのもスカウトの仕事である。

河西の母親口説き術を総括する。ある選手の母親はこう口説かれたという。

「お子さんはね、性格的にひたむきに練習する子ですわ。人に言われんでもランニングするとかね」

「そんなことあらしません。怠けもんなんです、この子……」

「違いますねん。お母さんから見たらそうかもしれまへんけど、この子は陰で一生懸命する子ですわ」

「……そうでしょうか」

ここで河西はふいに黙って、小さく呟く。

「この子は一本立ちする子ですわ。大丈夫です。自慢やないが、お爺《じい》ちゃんの第一印象はまず当たります。ピーンと来たら、みんなええ子です。息子さんもそうでした」

母親は、河西を一途《いちず》に見つめている。

「僕ももう一回この土地に来たいと思うてますのや」

そして今度は選手の方を向いて力強く言う。

「ええか、もしうちが1位指名したときは、きてくれるよな。大丈夫だよな」

河西の柔和な笑みに、選手も曖昧《あいまい》に頷《うなず》くしかない。ここで河西は硬い表情になって、両手を摑む。当然、隣で母親が鋭い視線を送っている。

「ええか、病気したらあかんで。怪我せんようにな。それからな自動車の運転は厳禁や。これはお爺ちゃんからのお願いや。頼むで」

ここまで息子のことを心配してくれている、母親の心が熱くなる瞬間だ。

そして母親の心がほぐれ、帰路につくとき、もう一度母親に向かって優しく言う。

「お母さん、藤井寺球場までの回数券要りまんな」

母親は、ためらいがちに小さく頷く。


河西は部下のスカウトにもよく言った。

「ええか、選手のお母さんを大切にせいよ」

若いスカウトは、母親が風邪をひけば、すぐに花束を持ってお見舞いに行ったという。

前述した『白球の星を追え！』には、老練なスカウトが描かれる。

父親を病気で亡くし、働きながら一人息子を育てた母親。若いスカウトは、その苦労話をじっくりと聞いた後に、母親の手を取ってこう呟く。

「お母さん、今日からもう一人○○（スカウトの名前）という息子ができたと思って下さい。その息子がお母さんの息子さんの兄として立派にプロ野球で活躍させせます」

このとき母親は泣き崩れたという。

あるいは労働で節くれだった母親の手を取って、

「お母さん、その手で息子さんをここまでお育てになったのですね。息子さんを私に預けて下されば、きれいな手に戻りますよ」

と語るスカウトも出て来る。

母親は陰の大臣。財務からすべての権限を握っている。歴史の舞台もじつは女性が陰で動かしてきた。その現実を知ることで交渉術も道が開けてくる。

【人を口説くポイント】その9

交渉には必ず表だけでなく、裏のキーマンがいる。それは多くの場合、女性、母親である。その人物を落とすと難関な交渉も上手《うま》くいく。とくに女性の一言は結論をひっくり返す力がある。

●プライドマンへの殺し文句は、「戦力にならん」　阪神・江夏豊

高校生はもちろん、大学生でもそうだが、まだ年端もゆかない選手には、自分こそ選ばれた人間だという鼻もちならないプライドマンが多い。年配者に対して人を人と思わない振る

舞いをする傾向もある。阪神タイガースのエースとなった江夏豊がそうだった。昭和43年には25勝を挙げ最多勝、401奪三振という日本記録も達成した。MVP2回、最多勝2回、とくに広島に移籍してからは守護神となり、〝優勝請負人〟と呼ばれ、最優秀救援投手を5回獲得した。通算勝利数は206勝193セーブ。黄金の左腕である。

江夏は中学時代は砲丸投げの選手だった。高校から大阪府の名門大阪学院大学高校で野球を始めた。砲丸投げ出身のため、球は恐ろしく重く速い。直球だけで相手を封じこんでしまう。味方の三塁手の許《もと》には殆《ほとん》ど打球は飛んで来なかったという。右打者が振り遅れていたのである。

江夏はプロには関心を示さなかった。神宮の杜《もり》で大学野球をしたいという憧《あこが》れがあったからだ。だが周囲のスカウトは放っておかない。スカウトがグラウンドに足を運ぶと、江夏は投球練習をやめて外野に行ってしまう。スカウトが来れば逃げる、という繰り返しだった。

江夏をもっとも欲しがったのが阪神タイガースだった。ドラフト会議（昭和41年）で阪神は1位指名した。阪神のスカウトが、いかに有望であるか、優れた素材であるかを褒めても、本人は聞く耳を持たない。1カ月経っても交渉は難航し、スカウト陣は弱り切った。そこへ現れたのが辣腕《らつわん》スカウトの佐川直行だった。佐川は顔つきもいかついので迫力もあった。

この佐川には逸話がある。彼は阪神に行く前には、中日ドラゴンズのスカウトをしていた。彼が中日を退団し、阪神に行く頃である。中日時代に、彼は兵庫県の洲本《すもと》高校の有望な内野手をスカウトしようとしていた。本人も中日入りを望んでいた。交渉もまとまり、これから契約という矢先だった。すでに佐川は中日を退団し、阪神のスカウトになっていたが、選手にそのことは知らせていない。当然、有望な選手だけあって、退職したライバル球団にみすみす渡したくはない。自分の手柄にしたいのは当然だ。

ある駅で契約をするため待ち合わせたときである。佐川は、その選手をいきなり阪神の球団事務所に連れて行った。

「どこへ行くんですか」

訝《いぶか》る選手とその両親に、佐川は言った。

「君はこの球団に入団するんだ」

阪神の球団事務所に連れて行かれた選手は、そこで契約書に判を押すように言われ、阪神に入団した。この選手が、バックトスの名手と言われた鎌田実《かまたみのる》である。

さて佐川は、江夏を大阪駅前の「ベーカリー」という喫茶店に呼び出した。大人が入るような高級な店で、クラシック音楽が流れていた。そこにレインコートを羽織った刑事のような目つきの鋭い男が座っていた。これが佐川だった。

佐川は江夏が入って来ると、挨拶《あいさつ》も交わさず強い口調で言った。

「わしは個人的にお前を欲しいと思わん。戦力にもならんと思うとるわ。球団がお前を欲しいというから、仕方なくわしがここに来ただけや」

この言葉に江夏は激怒した。

「何だ、この馬鹿野郎。それじゃプロでやってやろうやないか」

このとき江夏は阪神に行くことを決めた。高校生で有望な選手となれば、周囲もちやほやするから天狗《てんぐ》になるのは当然だ。そこに正攻法で行っても、突っ張ってしまい反抗的になることも多い。佐川はそのプライドの高い心理の逆を突いた。

後に江夏は佐川の手腕にしてやられたことを知る。佐川は江夏に言った。

「あれがわしの話術や。他のスカウトが誠意をもって交渉してもうんと言わないお前を落とすのは、あれが一番やったんや」

老練、手練手管を弄《ろう》するスカウトのほうが、人間学については一回り上だった。

【人を口説くポイント】その10
交渉は心理戦。人を見て法を説く。万人に共通な方法はない。とくにプライドマンには褒めるよりも、一喝して神経を逆なでする方法が効果抜群だった。

第3章　難敵を落とす

選手によっては、希望球団以外はノー。進学、社会人希望で、プロに興味を示さない者もいる。あるいはカネで難題を吹っ掛ける場合も。だがこの程度で怯《ひる》んではプロのスカウトは務まらない。彼らは難敵をどのように落としたのだろうか。

●背番号には予想以上の重みがある　大洋・屋鋪要

どうしてもプロに行きたくない、あるいは意中でない球団に指名されてしまった、というケースもよくあることだ。交渉でどんなに説得しても首を縦に振らないときもある。

カネなど条件面を持ち出す方法もあるが、意外に効果があるのが、選手の憧《あこが》れの背番号を贈ることである。野球少年の憧れを掻《か》き立てるのが背番号なのだ。

憧れのスター選手の背番号をつけることは、新人選手にとって夢である。イチローは、オリックス、マリナーズ時代に背番号「51」をつけていた。これは彼が憧れていた広島の前田智徳《とものり》と同じ番号だったからである（もう一説は、ヤンキースのバーニー・ウィリアムズの背番号）。それほどまでに背番号は選手に重みを持つ。

シアトル・マリナーズに移籍した川﨑宗則が、イチローに憧れ、イチローの背番号の次の番号である「52」をつけたのもよく知られた話である。

その思いは社会人選手でも同じだ。ある投手が、近鉄のスカウトと交渉をしたとき、彼はしばらく考え、決心したように口に出した。

「ボク、野茂さんのファンなのですよ。野茂さんの11番欲しいのですけど、くれますかね」

野茂は海外に行ったので、11番が空いていた。スカウトが二つ返事でＯＫすると、その選手の目が大きく輝いたという。それほどまでに背番号の効果はある。

大洋ホエールズ（後横浜ベイスターズ）のスカウトの高松延次に、同じような思い出がある。

高松は三田《さんだ》学園高校のある外野手に1年生のときから注目していた。レフト、センターを守らせれば、打球の行く場所に守っている。しかも１００メートルを10秒8で走る快足。高松は外野手としてプロで行けると判断した。3年生では投手をやったが、粗削りのため、スカウトの評価は今一つだった。投手に主眼を置いて見ていたため、他球団のスカウトは指名を見送った。県大会予選もベスト16で負けた。ところが高松は、外野手として見ていたので、何としても獲得したいと考えていた。投手もやるほどだから、肩も強い。高松は言う。

「この足さえあれば、絶対やっていけると思ったね」

大洋ホエールズは昭和52年のドラフト会議で彼を6位に指名した。だが彼は、学業成績も良く、大学進学希望だった。東京六大学に行きたいという。交渉はスムーズには行かない。このとき高松は、彼の父親が阪神ファンであることを知った。さらに本人にも聞いた。

「お前、プロ野球選手で誰が好きなんや」

彼は、掛布雅之だと答えた。

「そうか31か」

31は掛布の背番号である。高松は即座に言った。

「よしゃ、ウチは31番用意しようやないか」

その選手の気持ちがほぐれた瞬間だった。彼は大洋に入団し、昭和60年に58盗塁をマークし、翌61年から3年連続盗塁王のタイトルを獲得した。また守備でも昭和59年から5年連続してゴールデングラブ賞を受賞した。いい当たりの左中間、右中間の二塁打コースの打球を、前もって予測したかのように、落下地点にいて難なく捕球するという芸当を見せた。普通ならファインプレーになる打球も楽々と捕る。派手に見せない玄人好みの守備に定評があった。

彼は、後に巨人に移籍し、平成6年の西武ライオンズとの日本シリーズ第2戦で、西武の鈴木健の打球をダイビングキャッチして、シリーズの流れを変えるスーパープレーを見せた。

彼とは横浜時代には背番号「31」をつけ続け、後に巨人でコーチを務めた屋鋪要《やしきかなめ》のことである。

【人を口説くポイント】その11

皆、憧れの選手がいる。その選手の背番号をつけるということは、少年時代からの純粋な憧れをかき立てる。金などの条件面も大事だが、選手自身のピュアな気持ちを満足させることは効果的である。人はピュアな心の琴線に触れることで動くものだ。

●育成計画をきちんと示す　北海道日本ハム・大谷翔平

阪急のベテランスカウトの丸尾千年次は、交渉のポイントをこう語っていた。

「交渉に入ったら、相手の一番不安な部分を察知して、それを解消してやること。うそがあっては絶対いけません」

その意味で、わが子がプロ野球の世界に入るに当たって両親が一番心配なのが、「この球団はきちんと息子の面倒を見てくれるのか」という点である。それは希望球団以上に、拘《こだわ》る部分である。とくに地方の高校生の親にとっては、東京、大阪などの都会に出てプロ野球の世界に身を投じることは不安がある。駄目になったらすぐに放り出すことはないかと気にもなる。

一時期の近鉄は、ドラフト上位で獲得した選手がトレードで去る事態が続いた。石井浩郎《ひろお》、阿波野秀幸、形は違うが野茂英雄もチームから去った。アマチュア球界が心配したのは、「お宅のチームはどんな意図で選手を獲《と》るのですか。本当に必要だと思って獲ったのですか。駄目になったら、すぐトレードに出すんじゃないですか」ということだった。

これから入団する選手サイドにしてみれば、生え抜きが次々にトレードに出されるようでは、本当に選手を大事にしてくれる球団なのか、不信感を持ってしまうのも当然である。

きちんとした育成計画を示して両親の不安を取り除くことが、交渉に当たってはもっとも効果的な方法となる。平成24年、北海道日本ハムのドラフト1位の大谷翔平投手がそうである。頑《かたく》なにアメリカ球界挑戦を表明していた彼は、結局日本ハムに入団した。その決断の決め手となったのは、育成計画書だった。『大谷翔平君 夢への道しるべ 日本スポーツにおける若年期海外進出の考察』というA4判25ページ、別紙5枚の冊子だった。

北海道日本ハムの元スカウト三沢今朝治は指摘する。

「スカウトとしての誠意が大事なのです。親御さんに〝この人だったら預けてもいい。このチームだったら息子は安心だ〟と思って頂くことです。特に地方の親御さんはそうですね」

日本ハムは前身の東映フライヤーズ時代から、練習場は川崎市の多摩《たま》川河川敷グラウンドだった。しかし河川敷のため水捌《みずは》けは悪く、平成に入ると施設の老朽化が目立ってきた。平成9年に千葉県鎌ケ谷市に専用球場と室内練習場、合宿所を設けた。

三沢は言う。

「いいチームになると、素晴らしいグラウンドと施設を持っているのに、ウチの場合は多摩川グラウンドというのはつらかったですね。そのような場所で、きちんと育てますと言うのもきつい部分がありました」

だが、鎌ケ谷市に最新式の球場が出来てから、スカウトも自信を持って「来てください」と言えるようになった。

もう一つは球団として育成システムをきちんと作ったことである。それも監督、コーチなど現場の担当者ではなく、むしろフロントが主導して精緻《せいち》なプログラムを作った。

当時、フロントにいた三沢は言う。

「チームを長い目で見て、勝ち続けるためには、フロントが主導権を握らないといけません。現場の監督に任せてしまうと、いい選手がいても使いづらかったり、評価の違いによってトレードに出されることがある。球団として育てようと思う選手がいなくなれば、いいチームはできません。そのため、フロントが全部見ようというシステムになりました」

具体的な育成計画があって、多くの選手たちやその両親が心打たれ、チームを理解して入団を決めてくれるようになった。

三沢は言う。

「交渉では自分の気持ちを相手にしっかり伝えなければなりません。それは褒めてばかりも駄目なんですよ。〝何のためにチームが必要としているのか、そのためうちに来たら、こういう部分をきちんと直して、ここを育てていきますとか、こういう選手になれる、そんな選手になった君を必要としている〟という方向性を示すことです」

うわべの言葉ではなく、この球団は本当に息子のことを考えている、そこまで考えてくれたのかとわかれば、親も本人も気持ちが変わる。やはり必要な選手ならば、きちんとした育成計画を作り、その根拠を伝えることである。その努力の過程を、相手は見ている。

【人を口説くポイント】その12

選手や家族は、このチームは本当に自分を必要としてくれて、育ててくれるのか、不安がいっぱいある。とくに意中の球団でなければ尚更《なおさら》である。そこで効果を発揮するのは、具体的な計画書を示すことである。口で褒め言葉を言っても説得力に乏しい。労力のいる緻密な育成計画を作ることで、相手に熱意が伝わり、好意を持ってくれる。

●情報の筋を間違えるな

かつて沖縄出身の高校生投手の獲得を巡って、一人のスカウトが自ら命を絶った。もう10年以上も前の話である。この投手はダイエー入りを熱望し、その気持ちは確かだった。ダイエーと相思相愛とも言われていた。そのため、他球団は指名を回避し、ダイエーだけが指名するものと思われた。ところがドラフト会議当日に、ある球団が強行指名した。担当となったスカウトは、沖縄に宿を取り、連日選手に会いに行くが、会ってくれない。球団上層部からは連日の叱責《しっせき》。板挟みの中、責任を感じたスカウトは心身ともに疲れ果て、自ら命を絶った。彼は、誠実、温厚で、数々の球史に残る名選手を獲得した名スカウトだった。

しかし、これほどまでにダイエー以外は行かないと言った選手を、なぜそのチームは指名したのか。その球団は極秘に「指名したら来る可能性がある」という情報を摑《つか》んでいたという。その情報を頼りに指名に踏み切ったのだ。

交渉次第では入団する可能性もあり、という情報はあった。ただし事情を知る関係者は、

「その情報の出どころ、どの筋から出ているのかが問題だった」

と言った。有望な選手の周りには、「野球ゴロ」と呼ばれる人たちがいるのも事実だ。彼らは情報通を名乗り、選手と親しい関係にあることを強調するが、実際にはほとんど影響力を持っていない。

そのような類の人物が「大丈夫」と太鼓判を押して、スカウトに間違った情報を与えたの

か、裏切ってしまったのか、真実は定かではない。ただ間違った筋からの情報に踊らされてしまったことは事実のようだ。スカウトも、情報の筋については、それが確かなものか慎重に調べる。だが、何が何でもこの選手を獲得したいという焦りが、判断力の冷静さを失わせ、筋の悪い情報を摑んでしまったのだろう。

このような事態は、他の交渉のときでもよく見られるケースである。

稲川誠は言う。

「交渉で大事なのは、窓口をしっかり調べることです。ここを間違えると失敗します。高校生であれば、窓口は親だったり、部長だったり、監督だったり、後援者だったりするわけです。窓口は監督なのに、部長に突っ込んで行ったら、獲れる選手も獲れなくなります」

部長と監督が犬猿の仲という場合もある。監督が中心的な存在なのに、彼と仲の悪い部長にアタックすると、交渉が難航することも出て来る。社会人野球の場合は、選手の進路に影響を与える人物は、野球部長か、会社の上司である工場長か見極める。二人のソリが合わない場合もある。そのとき選手はどちらの言うことを聞くのか、そのポイントを間違わないようにする。人を動かすときは、その背後にある人間関係を正確に把握し、選手本人にもっとも影響力のある人物と関係を持ち、そこから情報を得ることが大事である。

【人を口説くポイント】その13
進路は選手本人が決めるが、決断の道筋を作るのは、周囲の人物だ。そのキーマンを押さえると、交渉は上手《うま》く行く。ただし、情報の筋を誤ると難航する事態になってしまう。つねにキーマンは誰か、丁寧に調べておく。

●悪いときの接し方が大切

オリックスの元スカウトの堀井和人は、高校の野球部の監督と独特の信頼関係を築いていた。どんな強豪高校でも毎年ドラフト会議にかかる学校はそうはない。多くのスカウトは有望な選手を輩出した年に学校に殺到する。不作の年もある。だが監督との信頼関係を築くには、じつは不作の年が重要である。

高校にドラフト候補がいない年にも、堀井は学校へ行った。いい選手がいればどこの球団も来るから、監督は来訪を有り難がらない。だが、不作の年に堀井が顔を出すと、その監督はとても喜んでくれる。監督も率直には口に出さない。

「今年は誰もいないのに、なんで来たの」

「いや遊びに来たのよ」

わざわざ来ましたと言えば、相手も気分が重くなる。何かのついでに来ました、と言えば相手も気を遣わない。

「いい選手がいるときは誰でも来ます。いないときに来てくれたときほど、監督は嬉《うれ》しいのですね。これがスカウトと監督がいい関係になる一つの方法です」

大学であれば、キャンプにまで足を運ぶ。当然、相手も喜ぶ。

「わざわざすみません」

と恐縮する監督もいた。これがいい選手が出た年に、交渉で生きてくる。

「あの球団はうちが悪いときにも目をかけてくれた」

と信頼感に繋《つな》がるからだ。

手土産にも気を遣う。高校・大学の野球部の監督が重宝するのは「ボール」である。ボールは必需品で、駄目になるのも早いからだ。いい選手がいるときは、どの球団もボールを持ってくるから、グラウンドにはボールケースが高く積まれている。不作の年は、ボール不足で苦労する。そのときにボールを持っていけば、監督にとって渡りに船である。

同時に獲りたい選手が他の球団に入団しても、それで終わりではなく、「プロに行けてよかったですね。うちは残念やったけど、活躍してくださいね」と必ず電話を入れる。その積み重ねが、長く付き合える関係を作る。

「どこの店で食事したというよりも、相手の気持ちを摑むことが大事です。試合だけを見て評価するのでなく、マメに電話すると相手も喜んでくれます」

　もう一つ、監督と互いに胸襟を開ける関係になるやり方がある。

「監督との会話で線を引いたらあかんということですね。〝あ、ご無沙汰《ぶさた》してます〟と頭を下げると、相手も〝はい、はい〟と敬語ばかりになってしまう。相手からしたら遠い感覚ですわ。踏み込んだ関係には至りません。それよりも、相手の趣味が競馬、パチンコだと知ると〝お、監督元気かいな！　パチンコ勝ってるかいな〟という話から入っていったほうが、相手も親しみを持ってくれます」

　まじめなスカウトは、「有り難うございます。失礼します」という儀礼に拘るため、相手との距離を詰めることができない。うわべだけの関係からは、交渉相手のハートは摑めない。野球だけの硬い話だけだと、その場限りの会話で終わって、相手の印象に残らない。

　福岡県柳川《やながわ》市にある柳川高校（元柳川商業）は、全国でも著名な野球名門校だ。この学校からは、近鉄・楽天の川口憲史《けんし》、阪神の真弓明信《まゆみあきのぶ》などが卒業して、プロで活躍している。その監督と河西俊雄とのやりとりは一風変わったものだったという。

「あら、久しぶりやなあ。どうせすぐ帰るんやろう」

　監督が河西に声を掛ける。

「そんな言わんといてな。競馬どうでっか」

「あかん、あかん。最近駄目や。それよりこの選手見たってや」

監督はさらに言う。

「だってすぐ帰るからなあ。せめて、1時間いて下さいよ」

「監督はんから、そう言われたら、おるしかないやろ」

河西は答えると、監督は椅子を用意して、グラウンドに入れてくれた。

あるいは長く見ていると、監督が気になって聞く。

「今日は長いことおられますな。ご執心の選手おりますか」

「いや九州の日は暖かいから、おるだけや」

そこでスカウトは目星の選手をチェックしていた。狐と狸の化かし合いと言えば、そうだが、ここまでの関係ができたらしめたものだ。

【人を口説くポイント】その14
人はいいときだけではない。悪いときも必ずある。悪いときに人は離れて行くが、そのときに来てくれた人のことは終生忘れない。相手の悪いときこそ、信頼を得る最大のチャンス。会話も紋切型ではなく、いきなり懐に入ったほうが、相手も胸襟を開きやすい。儀礼、敬語

に徹すると、相手の懐に入ることができない。

●球場では絶対に選手の悪口を言わない

人はカネで転ぶというのも真実だが、もう一方で、やはり自分の息子を買ってくれているという、誠意に心を動かされるのも事実だ。

社会人野球NKKで活躍した著名なある投手がいた。都市対抗野球で準優勝。タイトルも獲得した右の即戦力の投手である。当然多くの球団がマークしている。とくに140キロ台の速球を武器に変化球も駆使する。

「スライダーのキレと、シュートが抜群だったのですよ」

スカウトは言った。

この投手に近鉄の岩木康郎スカウトは前から注目していた。しかし実力派の投手である。すぐに情報は広まり、試合のたびに、他球団のスカウトが球場に見に来るようになった。岩木は自分のチームに関心を持ってくれるのか不安になった。

その投手の故郷は広島で、広島地方で試合が行われたときだ。大勢のスカウトがスピードガンを片手に球場に集まった。もちろん岩木もドラフト会議に指名したいので、スカウト部長にも来てもらって判断を仰ぐことにした。

ところが、多くのスカウトがいたためか、投手は緊張してしまい、本来の力を出せず、打ちこまれてしまった。他球団のスカウトは、口々に、「こりゃ駄目だ」と言い始めた。岩木の隣にはスカウト部長がいた。部長も同じことを口にした。

「お前の言うのと全然違うやないか。こらあかんわ」

だが岩木は「本当の実力はそうではない。彼はふだんの力さえ出せば凄《すご》い投手です」と力説した。実際彼の眼にも、今日の内容はよくはないと映った。しかし、自分がずっと追いかけてきた彼の力はこの程度ではない、という確信もあった。そのとき岩木の脳裏をベテランスカウトの助言がよぎった。

「ええか、球場では絶対に選手の悪口は言うなよ。どこで誰が聞いておるかわからんからな」

岩木はスカウト部長に言った。

「そら、投手ですから、たまには打たれることもあります。ほんまの力はこんなもんやないです。私はずっと見てるからそう断言できるんです」

試合は終わった。後日、その投手は立ち直り、試合でもいい投球を見せた。彼はその年のドラフト会議の注目株になった。

さて、ドラフト前に選手の両親に指名したいと挨拶《あいさつ》に行ったときである。連日他球団のスカウトが自宅詣《もう》でをしている。だが、本人はセ・リーグ希望である。門前払い覚悟で行くと、意外にも父親は岩木の顔を見て、嬉しそうな顔をした。

「あなたは、ずっとうちの息子のこと見てくれてますね」

岩木は頷《うなず》いた。じつはまだその投手が注目されないときに、この父親と球場で一言二言、話をしていたのである。隣にいた人に、

「いつも球場に来られているんですか」

そう彼は尋ねたことがあった。それが両親だったのだ。

「うちはお宅の球団買っとりますのや」

驚く岩木に父親は続けた。

「あんただけやった。うちの息子が打たれたときに、〝ええ〟と言うてくれたのは。お宅の球団は、息子の評判がええから来たわけやない。ほんまに息子を買ってくれている。わしはお宅に預けたいと思います」

あの投手が打たれたとき、両親はスカウト陣の真後ろに座っていたのである。両親はスカウトたちのやりとりを一部始終聞いていた。

本人は強固にセ・リーグの球団に行くと言い張ったが、両親は近鉄を薦めた。

交渉では両親の意向は本人以上に反映される。結局、本人は両親と大喧嘩《おおげんか》して、自分の希望するセ・リーグの球団に行くことになったが、岩木には両親から丁寧な詫《わ》び状が届いた。

その真摯《しんし》な気持ちを綴《つづ》った手紙に、岩木は涙した。

獲得はできなかったとは言え、両親のハートを摑んだのは、彼の熱意であった。新聞にその投手の談話が出て、父親が熱心に近鉄を薦めていたと書かれてあった。このとき球団社長は「岩木よ、獲れんかったけど、お前はようやった」と褒めてくれたという。ふつうは、獲れなければ叱責される。

岩木は言う。

「私は絶対に球場やグラウンドで選手の悪口は言いません。とくに自分が追いかけている選手やったら尚更です。自分が惚《ほ》れた選手の文句なんて、言える筈《はず》はないじゃないですか」

選手にも、いいときと悪いときがある。その長丁場を一過性の出来栄えで判断しないことは大事だ。自分が買っている選手の悪口は、本気であれば、言えるわけがない。

【人を口説くポイント】その15
球場では絶対に選手の悪口を言わない。どこで誰が聞いているかしれない。自分が追っている選手が好きなら言えないのが本心だ。その思いは選手サイドに伝わり、信頼に繋がる。

●弱小組織ほど決断を早く

かつてプロ野球の人気チームは、巨人を中心に、阪神、中日などセ・リーグのチームに固まっていた。現在はパ・リーグも注目されるようになってきたが、昔はそうではなかった。パ・リーグの下位にいたチームのスカウトの話である。ドラフト制度になり、どの球団も自由に指名できると言っても、やはり選手たちは自分の希望球団を口にする。

「巨人以外には絶対に行きません。それ以外の球団はお断り」

「在京セ・リーグ以外の球団から指名されたら、進学します」

マスコミを通して、選手や高校の監督が語るから厄介である。では人気のない弱いチームが、巨人など巨大組織にどうやって太刀打《たちう》ちするか。それには一つの方法がある。

あるパ・リーグのスカウトが言う。

「それは決断を早くすることです」

スカウトは、すぐにその選手の力量を見抜くと、プロで通用するかどうか判断する。大企業ほど獲得には慎重だ。何度もスカウト会議を開き、さらに編成会議、現場との会議、オーナー、球団代表のいる重役会議といくつも手順を踏まないといけない。

そのため、スカウトの情報網に入っていても、獲るかどうか決めかねている状態が続く。そこで弱いチームは、いち早く「選手を獲得する、しない」の判断を下して、人気球団よりも先に指名したいと選手サイドに伝える。選手も人間だ。先に自分を評価してくれる球団に、好意を持つのは当然である。そのコツは、他球団が迷っている間に決断することだ。弱小球団が後追いをしても勝ち目はない。

阪急の丸尾千年次は、一風変わった方法を取っていた。まだドラフト会議が始まる前の自由競争の時代である。甲子園大会を見に行く。当然大勢のスカウトたちが目を皿のようにして選手を見ている。丸尾は、「これはいける」という選手を見つけたら、すぐに甲子園球場から引き揚げて、その選手の郷里に行く。そして選手の周囲の人から話を聞き、野球に対する姿勢から性格まですべて調べ上げ、両親にも挨拶を済ませる。

数日後、チームが負けて郷里に戻ってくる。このとき丸尾は、駅に選手を出迎えて、すぐ交渉して話を決めていた。

「阪急は弱小球団だったから、早く手を打たなければならなかった」

丸尾ならではの知恵であった。

ただし後追いで来た球団が、横からかっさらうケースもある。その方法は「カネ」である。先に来た球団よりも好条件を提示する。資金力豊富な球団が、よく使う手である。しかし選手がカネで転んだとすれば、彼はそれまでの男である。こんな選手は入団してからも、金銭面でもめることは必至である。獲得しないでよかった、と思うことである。

スクープもそうだが、人は最初に見たもの、聞いたものを有り難がる。野球選手も最初に自分を認めてくれた球団を好きになるのは当然である。

【人を口説くポイント】その16
弱小球団が、人気球団よりもいい選手を獲得する方法はただ一つ。他の球団よりも早く決断し、獲得したいと選手に伝えること。誰でも、一番早く自分を評価してくれたとき、もっとも嬉しく感じるもの。その相手への好意も増す。

●可能性ゼロでの戦いの上手な幕引き

組織で生きる以上、上司と部下の板挟みに悩むのはよくあることだ。

現場の判断では、徹底した調査の結果、指名しても入団する可能性はゼロに等しいとわかっても、上層部は「ぜひウチに欲しい。交渉して絶対に入団させろ」という指示が出る。ここで苦しむのは、現場にいるスカウトである。

このようなケースを双方の顔を立てながら、無事に幕引きした豪腕スカウトが丸尾千年次である。彼に課せられたのが、昭和の怪物、作新学院高等部（現作新学院高校）の江川卓だった。高校時代ノーヒット・ノーラン12回（うち完全試合1回）、高校通算33勝6敗、防御率0．41という途方もない成績を残した。完封も20、選抜大会では4試合で60個の三振を奪っている。

このとき丸尾は球団の編成部長の要職にあった。スカウト部門のトップだが、会社では中間管理職である。

江川はあくまで慶應義塾大学に進学を希望。プロ入りの可能性はゼロだった。丸尾も事前に周辺を調査し、歩き回った結果、江川は120パーセント阪急には来ないと確信した。江川の父親にも事前に会って交渉したが、無理だとの感触も得た。

「1パーセントでも可能性があるなら、指名する意味もあるけど、絶対に彼は入団しない。そんな選手を1位指名するのは、せっかくのドラフト1位の札を無駄にしてしまう」

丸尾は球団の上層部に、江川指名を強く反対した。しかし、球団はどうしても指名したいという方針を変えず、意見は一蹴《いっしゅう》された。当時の阪急はパ・リーグで何度も優勝する強豪チームだったが、人気が無かった。観客動員を増やすためにも江川が欲しかったのだ。

昭和48年のドラフト会議で、どの球団も指名を回避する中で阪急が1位指名に踏み切った。このとき江川は「あれほどプロに行かないと言ったのに、阪急がお気の毒」と語った。

当然交渉は進展しない。何度も栃木県小山《おやま》市にある江川の実家に通ったが、虚《むな》しく帰ってくる日が続いた。指名から42日後は元日だった。丸尾は前日の大みそかから栃木に泊まりこんで、翌朝一番で江川家を訪問した。栃木の冬は寒い。粉雪が舞う中を、午前6時から玄関に立った。丸尾はコートを脱ぎ、何度も呼び鈴を鳴らして声をかけた。

「おめでとうございます。新年の挨拶に参りました」

玄関に立つこと1時間半。江川家から返事は無く、扉が開けられることはなかった。

このとき丸尾にはある妙案があった。球団も1位指名をした以上、メンツがある。自らの意思で交渉から降りるわけにはゆかない。一方で交渉相手である江川の父親も、マスコミに叩《たた》かれ、悪者扱いされていた。その非難の度合いは日増しに強くなった。

そのことも丸尾は心配していた。これは双方の顔を立てて早く幕引きをしたい。そのためには、自分が悲劇の主人公を演じれば上手く行く。

当時の状況をよく知る者は言う。

「江川さんの父親は一切マスコミの方にお会いしないと公言されていたので、アポイントを取らずに元旦《がんたん》に出かけたわけです。考えてみれば、元旦に突然伺うのは非常識な話です。当然江川さんの父親が会ってくれないことはわかっている筈です。そこにあえて行った。それはパフォーマンスかもしれませんが、ここまでやらなければ、球団も世間も、交渉打ち切りに納得しないと思ったようです」

やはり江川家は無言だった。マスコミは「元日の江川詣で」と丸尾の姿を大きく取り上げた。獲得に執念を燃やしたスカウトの悲劇として扱った。それから江川の入団拒否は、仕方ないという論調が主流を占めるようになった。球団もそこまでやっても来ないのなら仕方ないと諦《あきら》めた。球団にも世間の同情が集まった形で、入団交渉を打ち切ることができた。

元日の夕刻、丸尾は清々《すがすが》しい表情で自宅に戻って来た。まったく悲劇の面影はなかった。

江川は、慶應大学を受験したが不合格になり、法政大学に進学し、エースとして活躍した。丸尾は、江川が進学するとき、高級品のローリングス型のグラブを入学祝いに送った。その後、江川は法政大学でエースを務めた後、クラウンライターライオンズ（現埼玉西武ライオンズ）の1位指名を受けたが、これも入団拒否。1年間の野球留学の後、空白の一日をついて巨人に入団し、物議をかもしたが、エースとして活躍した。丸尾は平成12年に亡くなったが、葬儀のとき、江川から豪華な花が贈られた。

丸尾はパフォーマンスを演じたが、その根底にあったのは、球団、江川家の引くに引けない状況に手を差し伸べるという誠意であった。

【人を口説くポイント】その17

組織の中で板挟みにあったときは、自分が悲劇の主人公を演じて、双方の顔を立て、幕引きを行うのも手である。ただしその根底には双方への誠意がなければならない。

第4章　最大の難敵、カネ

なんだかんだと言っても人間、最終的にはカネが欲しい。カネこそ最大の評価、誠意という人も多い。しかし人間の根っこに巣くうものだけに、扱いは難しい。日頃は自分への誠意、情熱が大事と言う選手たちも、何かの拍子でカネに執着する。特にスカウティングの世界ではカネを巡っての攻防は凄《すさ》まじい。しかしベテランスカウトは、カネの処し方をよく心得ていた。

●契約金でもめたときの効果的な一言

何とか入団交渉も上《う》手《ま》く行った。しかし仮契約寸前で、必ずもめるのは契約金である。もう少し何とかならんのか、親側が言ってくる。近鉄の河西俊雄はそこはベテラン。そろそろこの件が出そうだなというときは、事前に球団社長に連絡を取っておく。

「そろそろ、例の問題がでまっせ」

社長も心得たもので、「よしよし、で、なんぼや」と聞く。まあこれくらいでっしゃろ、と河西が指を立て、もう一方の手でゼロをつける。「まあ仕方ないやろ」。社長も渋々了承。

さて交渉も大詰め。上手く行けば、今日で仮契約という日、やはり父親がカネの話を出してきた。球団の提示額で了承していたのにもっと上げろ、さもないと入団しないとゴネだした。突然の心変わりである。何度もこれ以上は無理と言っても、埒《らち》があかない。

ここで決裂。長い沈黙が家の中を支配する。河西の奥の手を使うときがやってきた。河西は家に最初に行った時、電話がどこにあるのかも事前にチェックしていた。交渉の部屋から見える位置に電話があった。河西が、するすると立ち上がる。

「お父さん、電話お借りできまっか。会社に電話したいんですわ」

河西は受話器を取ると、球団へ電話する。交換手が出ると、

「あ、社長いてまっか。すぐ連絡取りたいんですわ」

横目で、選手の家族を見ると、両親が驚いた顔で河西を見ている。彼は素知らぬ顔で、話し続ける。社長もオーナーも事前の打ち合わせ通り、電話に出る。しかも会話が聞こえるように、社長も大きな声で話している。

「あ、社長でっか。今、交渉中なんですけど、これ（提示額）だとあかんから、わしも困っとるんですわ。もうちょっと何とかならんですか」

渋々ながらといった声で、「そら、困ったな」と呟《つぶや》く。

家族は「え、社長はんまで、動いてくださる。そら、恐縮や」と顔色を変えて囁《ささや》き合う。

それも河西の耳に入って来る。

「これくらいアップできまへんか」

「まあ、しゃあないわ。こんだけ出してやってくれ」

これで提示額プラスアルファの金額を親に提示するのである。この金額も事前に了承を得ているものだから、芝居を演じていることになる。両親は、相手が誠意を見せたということで、喜び、交渉は成立した。

親としては、スカウトを動かし、社長にお願いをさせて、契約金まで上げさせたことになる。しかも社長さん直々にご配慮いただいた、という結果になり、少々のアップ額で満足する。自尊心がもっとも満足する瞬間である。彼らの拘《こだわ》りはメンツなのである。しかし、そこに河西の巧妙な作戦があったことを彼らは知らない。

【人を口説くポイント】その18

お金でもめるときは、その背後にメンツの問題が隠れている。金額がいくらかどうかでなく、社長まで直々に動かせたことに親は満足する。要求があったときは、じかにトップが動

くという配慮を見せただけで、最小限の負担で済み、相手の強固な要求もすぐにしぼむ。

●人がカネに拘る理由

あるベテランスカウトは、「究極的には人間はカネで動くんですよ」と呟く。交渉は人と人との信頼であるが、それを一気に崩してしまうのが、カネである。だがカネがどういうときに人を変えるのか、長年交渉にあたったスカウトは一つの事例を示してくれた。

たとえば選手の家が多額の借金を抱えている場合は、最初から多額のカネが必要だから、指名するときに大きな出費を覚悟するが、手の打ちどころはある。状況が複雑であれば指名回避すればよい。

ではどんなときに人はカネでもめるのか。ベテランスカウトは言う。

「そりゃ簡単ですよ。同じ高校から、3人がドラフト指名されたとしますね。このとき1人だけ、契約金が安かったとしますね。このとき親は豹変《ひょうへん》するんです。なんであの子にこれだけ払うのに、うちの子は低いんだと。たった100円の違いにも拘りますよ」

要は、自分の子だけが2人より、少しでも高い金額で入団することである。これが人間の業である。

嫉妬《しっと》、劣等感、自負心、優越感、これらの感情にもっとも働きかけるのがカネである。まったくの他人だったらその感情は起こらない。知人より友人、友人より親友、親友より家族ぐるみの付き合い、という近い関係になるほどカネは重きを占める。

この原理を踏まえて、スカウトも交渉する。人間の嫉妬はより近い人間に強く表れる。ゆえに、近ければ近いほど、交渉相手の選手のプライドをくすぐることが、交渉を成立させる常套《じょうとう》になってくる。カネそのものが問題ではない。

本当にカネが必要な選手のケースもある。自由競争時代のスカウトは、選手の父親の前で白紙の小切手を出して、

「好きな金額を書いてください」

と話す者もいた。

さらに生々しい例もある。南海ホークスの元スカウト伊藤四郎は、まだカネが手渡しの時代に、ボストンバッグ一杯に札束を詰めていった。そして席に着くと、突然選手とその両親の前に札束を取りだして並べたという。そしてひとしきり話して交渉を終える。結論は出ない。ゆっくりと札束をバッグに戻す。このとき本当にカネが欲しい家は、体が自然にカネと一緒にテーブルからバッグに動くのだという。体が思わずカネについて行ってしまうのだ。言葉では「カネじゃない」と言いながらも、体はカネを欲している。このときの家族の動き

で、本音はカネが欲しくて入団したいのだと見抜いたという。ここから押して行けば、陥落すると判断した（「野球小僧」平成23年6月号「エース・伊藤四郎　豪快スカウトに転身」を参照）。

現在、ここまで極端なケースは減ったが、カネに対してはあからさまな本音を出さないだけに、駆け引きや、相手のしぐさから読み取ることが必要になる。

【人を口説くポイント】その19
カネの交渉でもめたとき、その理由の多くはカネそのものにはない。選手の中にある嫉妬、優劣などの感情に突き動かされている。とくに近しい人に対して嫉妬は増大する。この点を理解してプライドをくすぐれば、相手も平常心に戻る。

第3部　人を活かす

第1章　適性を見極める

プロ入り後、多くの選手が頭を悩ますのが、どのポジションがベストなのかという点である。まず、投手か、野手かで迷う。最初から野手で行けば大成したのに、投手に拘《こだわ》ってつぶれたというケースもある。ここで適切に判断できるのがスカウトの眼力だ。彼らは、選手がプロ入り後、順調に伸びるように、適性も見抜き、獲得に動く。ときに入団後にこっそり助言することもあるという。

●投手か打者か、適性は一瞬のプレーでわかる　千葉ロッテ・青野毅

適材適所と言うが、人の向き、不向きが簡単にわかれば苦労はしない。適性検査を行っても、本人の希望を聞いても、アテにできない。

野球でも同じだ。だが人の素質や適性は一瞬のうちに、無意識に出るというのがスカウトの見方である。スカウトがもっとも頭を悩ませるのが、投手で行くか、打者で行くか、迫ら

れたときだ。高校野球では、エースで4番打者という、何をやらせても一流の選手がいる。だが、本来打者としての資質が優れていた選手を投手で獲《と》ったがためにプロでは成功しなかった、というケースもある。スカウトは、どちらにより高い能力があるかを見抜かなければならない。

鹿児島県樟南《しょうなん》高校のエースで4番打者の青野毅は、178センチ、78キロと決して大柄ではないが、1年生で4番を打つほど打撃にパンチ力があった。2年生の夏はライトを守り、甲子園大会でベスト4に残った。3年生では投手に転向、夏には再び甲子園に姿を見せた。青野は本格派の投手として、1回戦の山梨学院大学附属を1点に抑える完投勝利（自責点は0）、2回戦の浜松商業では3対0の完封勝利、3回戦の松商学園も11対3（自責点は2）、準々決勝では光星学院に1対2（自責点は1）と敗《やぶ》れたが、4試合で自責点は3という抜群の成績を残した。当然プロのスカウトは青野を投手として獲得したいと考えるようになった。

だが彼を見ていた千葉ロッテマリーンズのスカウト永野吉成は、打者のほうが伸びると予選のときから考えていた。青野は甲子園大会での松商学園戦でスリーランを打っている。大舞台で活躍できる勝負強さを持っていた。

永野は投手出身だから、投手青野を見る眼も鋭かった。彼の眼に映った青野は、体のしなやかさに欠けるので、いずれ故障する投げ方であった。他のスカウトは、青野の投球をビデオに撮ったが、永野は投手として見ていないので、1回も撮っていない。

では、野手としてはどうか。鹿児島県予選のときだった。第1打席で、青野は相手投手のカーブに手が出ず、空振りと見逃しを続けて三振した。次の2打席目も、相手投手はカーブに手が出ないと思い、前の打席と同じ球を投げてきた。青野は、思い切りスイングすると、センターオーバーの本塁打を放った。

「これが他の試合でも3回くらいあった。これは凄《すご》いなと思いました。2度同じミスをしない。それに青野は投手になってからより、2年生の外野手のときがよく打っているのです」

永野自身の経験もあった。彼がロッテに入団して2年目のときだった。西武戦で清原和博に初球カーブを投げると、彼は簡単に見逃した。これは打てないなと思い、2球目もカーブを投げた。それも初球と同じコースだった。清原は一閃すると、打球はレフトポールすれすれの大ファウルになった。肝を冷やした瞬間だった。

このとき一塁手の愛甲猛《あいこうたけし》がマウンドまで来て叱った。

「馬鹿野郎、キヨに2球同じ球を投げるな」

一流の打者は同じ失敗を繰り返さない。体験として学んだ教訓だった。

「清原さんと愛甲さんがいなければ、青野のよさに気づいていない」

永野はそう言う。もう一つは守備である。青野は肩は強いが、足は速くない。夏の甲子園大会のときだった。青野が投げた球を、相手打者は猛烈な投手返しのライナーにして打った。打球は投手青野のグラブに当たって、三塁側に転がった。青野はすぐに打球を追うと、素手で捕って、一塁に送球しアウトにした。この光景を見て、永野は内野手としても成功すると考えた。打球を追う動作の速さと、グラブで捕らずに、素手で捕って投げるという咄嗟《とっさ》の判断力。そのフィールディングに才能の片鱗《へんりん》を見た。

青野は平成12年のドラフト会議で5位指名を受け、入団する。すぐに野手に転向し、平成18年に一軍昇格を果たすと、6月にはプロ1号本塁打が、満塁弾となった。続く2号も満塁弾。これはプロ野球史上初の記録である。チャンスに勝負強い打撃をする選手と注目を集めた。同時にショートを中心に、一塁手、二塁手、三塁手、外野などあらゆるポジションを守れる野手となった。平成19年には10本塁打を放ち、持ち前のパンチ力でチームに貢献した。

永野は言う。

「彼は一人で5つのポジションを守れる選手ですが、そんな選手に誰もなれるとは思っていなかった筈《はず》です。僕は、高校時代の一度の守備で野手としていけると判断しました」

おそらく投手として青野を獲得していれば、故障をして伸び悩んだ筈だ。投手か、野手か、その適性を判断する材料として、選手の一瞬のプレーに本質が表れる。それを逃さずに見抜くこともスカウトの力量の一つである。このケースは青野が凄かったというのではなくて、清原に打たれた苦い経験を活《い》かし、一瞬の動きも見逃さなかったスカウト永野の眼力だった。

【人を活かすポイント】その1

選手の今現在のポジションですべてを判断しない。より光るポジションはないかという眼で見ておくと、さらに可能性が広がる。人は今のポジション以外にも力を発揮できる可能性を秘めている。そのヒントは、本人の意識しない瞬時の動作に表れる。

●スカウトは選手の長所・短所をコーチ以上に知っている　阪神・川藤幸三

浪花《なにわ》の春団治《はるだんじ》と呼ばれた阪神の代打男に、川藤幸三《かわとうこうぞう》がいる。昭和53年から4年間、代打で打率3割をマークしたのだから、驚異的な数字である。昭和55年には打率．362を残している。昭和61年にはオールスターゲームにも選ばれた。球史に残る代打男だった。

さて、この川藤、福井県若狭《わかさ》高校時代は、エースとして甲子園に出場した。打順は4番。当時の川藤は俊足だった（プロ2年目に二軍でリーグトップの30盗塁を記録）。

この彼に目をつけていたのが、阪神の渡辺省三（二軍投手コーチ、後スカウト）だった。身長は174センチ、74キロ。投手としては小柄である。肩が強いのは魅力だが、投手としては右投げでもあるし、難しいと渡辺は見ていた。ちょうど県予選で、渡辺が見ている前で、川藤はライトフェンス直撃の当たりを打った。打球が速いから、二塁まで行けるか難しかったが、快足を活かし一気に二塁まで進んだ。シュアな打撃に、足も速く、思い切りもいい。投手だから肩も抜群だった。渡辺は「彼を野手で獲ろう」と決めた。球団の首脳陣は、投手としての評価が高かったが、スカウト現場は野手で一致した。

「川藤は投手だったら失敗する。絶対野手や」

さて、プロなど考えてもいなかった川藤は、阪神タイガースのスカウトがやって来たことに驚いた。来たのは渡辺から話を聞いた河西俊雄である。

「わしみたいな田舎者がなぜ要るんですか」

川藤が率直に聞いた。河西は、「ええか」と身を乗り出して言った。

「お前は俊敏や。肩も強いから、十分にプロでやっていける。巨人の土井（正三）も柴田《しばた》（勲《いさお》）も、175センチや。お前は体が小さいけど、やり方次第で絶対1番、2番打者になれるから大丈夫や。体の大きい奴はウドの大木で鈍いんや」

どこでどうなるのか、わからんのがプロ、とも彼は付け加えた。

「こういうことで勇気づけられ、入ったわけですわ」

川藤は入団を決意した。ただしドラフト9位である。

選手の一番の長所、短所を知っているのはスカウトだ。アマ時代から徹底的にチェックするから、コーチの見立てより確かだ。投手にさせては絶対失敗するだろう。しかし、それを決めるのは、監督、コーチたちだ。

入団後、河西は、川藤がキャンプに行く前にこっそり耳打ちした。

「ええか、キャンプに行って、監督から〝ピッチャーやれ、いっぺん投げてみろ〟言われても、〝肩が痛い、肘《ひじ》が痛い〟言うて、絶対投げたらあかんぞ」

川藤はその言葉を守り、絶対に投げなかった。彼は野手となった。

数年間は二軍暮らしが続いたが、河西はたびたびグラウンドを訪れ、声をかけた。

「ええか、お前は絶対にやれるんやから」

二軍でも成績を残すようになると、河西はひょいと現れ、

「ずいぶん上達しとるぞと聞いておったが、ほんまやな。二軍戦見とったけど、前とは全然違うとるぞ」

と励ました。自分をよく知っているスカウトが見に来てくれたら、とても心強い。

川藤は言う。

「やっぱりその一言は嬉《うれ》しかったなあ。わしがピッチャーしとったら500勝しとったかもわからん。こればっかしはわからん。ひょっとして1年で潰《つぶ》れとったかもしれん。ただわし

にとって、ピッチャーせんかったから、今があるということや。未《いま》だに球界でメシを食わしてもらえとる、その礎は河西さんや」

川藤が一軍で活躍するのは、入団5年目からである。彼が入団した年、阪神は6名の選手が入団（4名が入団拒否）したが、もっとも一軍の試合に出場したのは、最下位の指名で入団した川藤だった。

スカウトは、選手の技術的な長所も短所も、性格のそれも一番知り尽くした人物だ。よって彼らの一言はコーチよりも有効なときがある。川藤の選手生活を活かしたのは、「絶対に投げるな」という河西の一言だった。

【人を活かすポイント】その2

選手のことをすべて知り抜いているのはスカウト。裸にするほど調べ上げ、プロで通用するかどうか見抜いている。その助言は、入団後の監督、コーチ以上に的確に当たっている。組織で言えば、採用担当者がそうである。彼らを育成に活かすのも一案だ。

●得難い長所を活かすためにコンバートする　日本ハム・小笠原道大

スカウトの役目は、選手と入団契約を結んだ時点で終了する。ところが、彼らは入団後の選手生活にも深く関わっている。本来、選手を指導するのは監督やコーチの役目である。だがスカウトは選手の技術的な長所、短所、性格、家族環境、生い立ちなど、すべてを知っている。

守備はお粗末だが、打撃が捨てがたい選手に、未経験のポジションを守らせ成功したケースがある。一種の博打《ばくち》だが、コンバートに成功して、2000本安打を達成したのだから驚きである。彼の名は日本ハム(後北海道日本ハムファイターズ)、読売巨人軍で主軸を打った小笠原道大である。

小笠原の魅力は打撃である。驚異のパンチ力はスカウトの目に魅力的に映った。だが彼を獲得するに当たって、いくつかの課題があった。それは守備である。彼のポジションは捕手だが、どうしてもプロレベルとしては疑問符がついた。

小笠原は、高校時代のはじめは二塁手だった。しかしチーム事情から2年生のときに捕手にコンバートされている。本人はもっとも嫌なポジションだったと言っている。卒業後、NTT関東に進んでも、守る場所は捕手。

日本ハムの元スカウト田中幸雄は言う。

「捕手としての資質は、捕ってから投げるという動きの連動性に欠けていたのです。肩も強いし、投げたらいい球が行くのですが、スムーズに動きが行かないのです。しかし、何とか打撃を活かせないかと考えたわけです」

小笠原は腰も痛めていた。捕手としては持病もネックである。投げるモーションも大きい。他球団のスカウトは捕手小笠原を見て、プロでは厳しいと判断して去って行った。

ここでスカウトの田中と、上司の三沢今朝治が考えたのは、彼を内野手として獲るという方法だった。捕手は緻密《ちみつ》なインサイドワークが求められるポジションである。打撃よりも守備重視なのだ。これでは小笠原一番の魅力の打撃を活かすことができない。

「三塁を守れないだろうか」

二人は考えた。ショートや二塁手は、複雑なフォーメーション、カットプレーがあり難しいポジションである。打者によっては大きく守備位置を変える必要もある。三塁は反応のポジションで、痛烈な打球に対して確実に捕ってくれればいい。ポジションに慣れるまでの時間を考えれば、三塁が一番いいという結論になった。しかもその頃の日本ハムは、三塁手の力が落ちていたので、打撃のいい彼を後釜《あとがま》に据えればベストである。

現実には小笠原は三塁を守っていないので、ノックを見てみることにした。田中はNTT関東の前身である電電関東の出身だから、監督とは知り合いである。監督に、小笠原に三塁を守らせてノックをしてくれるように頼んだ。シートノックを受ける姿を見ると、グラブ捌《さば》きも無難で、捕って投げるまでの動作にも澱《よど》みがない。これはプロに入っても大丈夫だと判断した。内野手として獲得することになった。

しかし、小笠原は内野手として入団したものの、現場とスカウトとの間で意見が食い違ってしまった。現場では若い捕手を必要としていた。最初は捕手を務めた。後年、小笠原の意向もプラスされて三塁を守ることになったが、最初の頃は真横の打球が捕れないこともあった。徐々に三塁線の打球も上手《うま》く処理し、強肩でアウトにするなど随所に好プレーを見せるようになる。平成15年に三塁手としてゴールデングラブ賞を受賞するまでになった。

以後、一塁を守る試合もあったが、平成22年まで三塁を守り続けた。

【人を活かすポイント】その3
抜群の長所と、大きな欠点を持っている人物には、配置転換させて長所を活かす方法もある。それが未知の分野でも構わない。欠点に目を瞑《つむ》り、別のポジションで得難い長所を活かす方向で考えると、道が開けることがある。

第２章　選手を活かすスカウトの言葉

スカウトの知恵は、選手の現役時代や引退後の人生まで影響力を持つ。彼らのすべてを熟知しているスカウトは、彼らがどこでどういうふうに役に立つ人間なのか知っている。スカウトは自分が責任を持ってプロに入れた以上、選手がきちんと練習をしているか、怪我をしていないか、活躍できそうか、親以上に願っているからだ。

●チームとの相性が選手生命を左右する　ヤクルト・池山隆寛、広沢克己

期待の大型新人が鳴り物入りで入団したものの、鳴かず飛ばずで球界を去るケースは多い。それはなぜなのか。本人が努力しなかった、あるいは故障してしまった、などの理由も考えられるが、スカウトによれば、「そのチームに合うか合わないか」が大きな要素になるという。ヤクルトの元スカウト片岡宏雄は言う。

「ヤクルトだから成功して、他の球団なら駄目だったという選手は一杯います。一番いいの

は獲《と》った選手が自分のチームに合うこと。〝チームにはまるか、はまらないか〟、それだけなのですよ」

逆に言えば、ヤクルトで芽が出なかった選手でも、他の球団に行けば活躍できたのかもしれない。

ヤクルトの場合は、家庭的で伸び伸びプレーできるカラーがある。その中で頭角を現したのが昭和58年に入団した池山隆寛《たかひろ》であり、翌59年に入団した広沢克己《かつみ》である。ともに後にヤクルトの主軸を打つホームランバッターになるが、二人の三振数の多さも桁違《けたちが》いだった。

池山は、6年続けて年間100個以上の三振数を喫している（うち3年はリーグトップ）。とくに平成4年は148個という多さである。ただし、昭和63年から平成4年まで毎年30本塁打以上も記録している。一発か、三振かという打者だった。ツーストライクからもフルスイングして、バックスクリーンへ特大の本塁打を叩《たた》きこむ姿は、ファンを魅了した。つけられたニックネームは「ブンブン丸」。

一方の広沢は、8年連続で三振数が100個を超えている。こちらも池山に劣らない。うち3年はリーグトップだ。だが彼もヤクルト時代に打点王2回、最多勝利打点2回を獲得している。二人とも生涯本塁打は300本を超えている。

だがこれだけ安定性を欠いていても監督の関根潤三は何も言わず、二人を使い続けた。アドバイスと言えば、「思い切ってやれ」だった。そのため二人は臆《おく》することなく伸び伸びと力を発揮することができた。これが伸び盛りの若いときに、三振をしないように、ミートを大事に、と教えられていたら、彼らはここまでの本塁打数を築くことができただろうか。あるいは二人が巨人にいたら、ここまで辛抱強く使ってもらえただろうか。

これはヤクルトというチームに、二人が見事に合ったというケースである。片岡は言う。

「そら古田でも、よその球団に行ったら、合わなかったかもしれないしね」

もう一人チームに合った選手としては岩村明憲《あきのり》がいる。平成8年にドラフト2位でヤクルトに指名されたが、膝《ひざ》に故障があった。しかも身長は１７５センチと高くはない。さらに本人は大学進学を希望していた。だが体は厚く下半身はどっしりしていた。「小さな大打者」と呼ばれた若松勉に似ていた。若松は２０００本安打を記録、首位打者2回、ＭＶＰを獲得した名選手だ。偶然にもこのときチームの二軍監督は若松だった。若松と同じタイプの左打者は、二軍でみっちりと鍛えられ、一軍に昇格すると、今度は若松が一軍監督になった。平成16年には、若松監督のもとで、本塁打44、打点１０３、打率．３００を挙げた。ベストナインにも2回選出された。これもチームに合ったいい例である。

だが逆もある。長嶋一茂である。彼は鳴り物入りでヤクルトにドラフト1位指名されて入団。片岡によれば、素材は一級品。立教大学時代には11本塁打を打ち、ボールを遠くに飛ばす能力は父親の長嶋茂雄を超えていたともいう。

このときの監督は関根潤三である。関根は長嶋を起用した。1年目は88試合出場、本塁打4、2年目69試合、本塁打4、これからという3年目に野村克也が監督に就任した。そこから一茂は生彩を欠き始めた。この年は殆《ほとん》ど出場機会に恵まれず、5年目には海外留学に行った。結局、ヤクルトで芽が出ずに巨人に金銭トレードされ、大成することなく引退した。

「関根さんが、あと2、3年やっていたらもっと良くなったかもしれません。基本的な体力、個々の力は親父に負けないものを持っていましたからね。よくなりかけた頃に、自分から日本を飛び出していったからね。〝鉄は熱いうちに打て〟と言いますが、野球に対してそういう集中力が弱かったと思います。親父は野球に対しては本当に集中力がありましたからね」

片岡は、そう述懐する。彼は長嶋茂雄と立教大学時代に一緒にプレーした選手だ。そのために父親と比べるから、厳しい見方になる。それでも長嶋一茂の素質には並々ならぬものがあった。それほどの素材でもチームに嵌《はま》らなければ、成功しないのがプロ野球の世界である。

チームに合うか合わないかは、そのときの監督との相性にも通じる。

ヤクルトの場合だと、古田の控え捕手だった野口寿浩《としひろ》がそうである。彼は古田よりも強い肩を持ち、しかも俊足、長打力もある。古田がいなければ、楽にレギュラーになれた捕手だった。だがヤクルト時代は古田の陰に隠れて出場機会に恵まれなかった。平成10年に日本ハムに移籍すると、即座に正捕手となり、オールスターゲームにも2度出場した。

片岡宏雄は「選手を見抜くのは、ネクタイを選ぶのと同じ」とも言う。つまり自分に合ったネクタイを見つけるのはセンスが必要だと言うわけだ。自分の体型、スーツ、容姿、これらにすんなり合うネクタイを選ぶのは意外に難しい。

高級なネクタイも、その柄も、スーツに合わなければ死んでしまう。それと同じで、いくらいい選手を獲得しても、そのチームに合わなければ本来の力を発揮させることはできない。

【人を活かすポイント】その4
いい素材の選手を見つけること以上に、その素材がチームに合うかどうかを見ることが大事。合えば活躍できるが、合わなければせっかくの素材が飼い殺しになってしまう。会社でも社風、雰囲気によって、有能な人材が伸びる伸びないの違いが出てくる。その会社に合っている人物か見分けることが大切。

●スカウトの言葉が選手を活かす　阪神・江夏豊、上田二郎、掛布雅之
スカウトは選手にとって、親代わり。河西俊雄は、後輩のスカウトによく言った。

「惚《ほ》れて獲ったのだから、獲りっぱなしではいけない。最後の最後まで面倒見ろよ」

入団させたときに思うのは、「仲人《なこうど》を済ませた気持ち」であった。今の結婚式では仲人を立てるケースは減ったが、新婚夫婦の親代わりである。いつまでも上手《うま》く行ってくれればいいな、という気持ちになるという。

だが入団すれば、選手はスカウトの手を離れる。数年後、担当スカウトに知らされないまま選手が解雇されることもある。責任を持って交渉して入団させたにもかかわらず、辞めていくときにスカウトが何の手助けもできないもどかしさも現実にはある。

プロに入った以上は、選手は必ず辞めるときがくる。しかし、早めに分かれば、他の球団に移籍させるか、スタッフとして球団に残れるよう手伝ってあげることもできた筈《はず》だ。そんな悩みが河西にはあった。

スタッフとして残る場合、適任かどうかも判断できるからだ。現実に、河西は近鉄時代に、引退後の選手を、彼の手引きでスコアラーに推薦したことがあった。引退後、スタッフとしてチームを支え、スカウト、打撃投手として貢献した選手は何人もいる。

選手が伸び悩んだとき、スカウトの励ましや助言で立ち直ったケースは多い。彼らの言葉は、選手の悩みのツボを押さえている。コンバート、引退など大事な場面で活《い》きてくることもある。

河西が阪神時代に獲得した投手に上田二郎という選手がいる。東海大学のエースとして大学日本一になった。昭和48年に22勝を挙げたが、現役時代に河西は助言をしてくれた。

「勝ち投手になったとき、成績が悪く落ち込んでいるときに、タイミングよく電話が来ました。どこで情報を知ったのかと驚くほどです。そのとき〝お前の調子が悪くなるときは、投げ急ぎやフォームのタイミングが早くなるのでチェックをしろ〟と言って下さいました」

阪神のスラッガー掛布雅之も励ましてもらった一人だ。彼は河西のことを「親父のようなまなざしで見てくれる存在だった」と語っている。コーチとは違う距離感、いいスタンスで話ができた。困ったことがあったら相談できる立場。そうでなければ、ふだんの距離は遠くても構わない。掛布は「キャッチボールのできる距離」と表現する。

相手に投げるときは近くに行って、投げるときもある。遠くに離れて受け取ることもある。その距離は相手によって、相手の状況によって違ってくる。河西は距離の取り方が上手かった。必要なときは近く、そうでなければ遠くだった。

掛布が本塁打王のタイトルを獲ったとき、河西は言った。

「あのときのお前が、まさかここまで来るとはなあ」

誰よりも喜んでくれたという。そんな河西のためにも頑張ろうと掛布は思った。

阪神のエース江夏豊の場合は一風変わった関わり方だった。彼は、入団前も後も河西の許《もと》からひたすら逃げ回っていた。

江夏は回想する。

「河西さんは摑《つか》みどころがあり過ぎる。その親切とか優しさが俺にとっては鬱陶《うっとう》しかった。そういう年代だったんだ。19歳の世間知らない男がね、プロに入ってそれなりに活躍して、人一倍金貰《もら》ってちやほやされたら遊ぶのに忙しいよ。おだててくれる所にはわーっと行くけど、小言言う人からは逃げる。それが人生じゃないかな」

当然だが、河西と球場で会って話しかけられても「はい」と聞けるような余裕はできていない。ただ江夏は入団1年目に12勝を挙げたが、7勝目を挙げてから、63日間も勝ち星に見放された。いい投球をしても打線の援護が無かったり、打線がいいときは自分がノックアウトされたりとツキがない。さすがに彼も弱気になっていた。

このとき河西は球場や合宿所に来てくれて、励ましてくれた。

「おーいユタカ、元気でやっとるか」

江夏は言う。

「このときは逃げる元気もなかった」

江夏は河西の説教を聞いた。そして64日目に江夏は勝利投手になった。ここで彼は思った。

「ざまあ見やがれ、勝ったじゃないか」

再び有頂天になって遊び出した。河西は、近鉄のスカウトになってからも江夏に声をかけた。この頃は、江夏自身も阪神にはいなかった。南海、広島、日本ハム、西武と球団が替わっていく。だが河西の接し方は、阪神時代と変わらなかった。

「かつての教え子みたいに接していただけたね。技術的にああだ、こうだというのはあったかもしれないが、自分は覚えていない。他の人も多くアドバイスくれたからね」

河西は、平成19年に87歳で亡くなった。江夏は天国の河西さんにこう伝えたいと語った。

「口約束じゃなく誠意がありましたね。許されるのなら、じっくりと話をしたいし、聞いてみたいし、いろんなことを教わりたい。自分もこういう年代になって、プロ野球というものが表だけでなく裏まで若干わかりかけてきた。また違ったスカウトの話も聞けると思う」

そこまで言った後、江夏はしばし沈黙した。そして漸《ようや》く口を開いた。

「今でもスカウトはたくさんいるけど、昔とは違うから。携帯でなんぼでも情報が入る時代ですよ。あの頃はそうじゃなかった。それこそ自分の足で、自分の眼で、確かめてきた人たちだから。字を覚えるのだって、人から教えてもらって書き方を覚えるのと、わからないから自分で辞書を引いて調べるのとは全然違うわね。やっぱり辞書で調べたものは絶対に忘れない。それと同じで、自分の体を酷使して動いて、暑い最中《さなか》、寒い最中、すべての選手を見るのはスカウトの生命線なんですよ」

現在の江夏の述懐だ。

【人を活かすポイント】その5
スカウトは選手の長所も欠点も性格も知っているために、いろいろな角度から助言できる。スランプのときの技術的なヒントから、精神面のアドバイスまで、多岐に渡る。引退後の選手を活かす道を考えることも可能になる。

●誠意が人を大きくする　中日・福留孝介

平成7年11月22日のドラフト会議。この年の目玉は、PL学園高校の超大物スラッガー福《ふく》留孝介《どめこうすけ》（後中日、シカゴ・カブスなどを経て阪神）だった。春の選抜大会ではバックスクリーンへスリーラン本塁打を打ち、夏の府予選では8試合で7本の本塁打を打った。これは清原和博の5本を抜く記録だ。しかも夏の甲子園大会の初戦では2打席連続本塁打。誰もが「10年に一人の選手」と高い評価を与えた。

福留は、巨人、中日以外であれば、社会人の日本生命に行くと公言していた。しかし、ドラフト制度は、選手本人の意思にかかわらず、12球団すべてが平等に指名の権利を持つ。これまでも「巨人以外には行かない」という選手を、強行指名し、スカウトの力で入団させた例はいくつもある。希望球団以外は行かないという大物選手をみすみす逃す手はないし、それであればスカウトの存在理由はない。

近鉄バファローズにとって、地元大阪府にあるＰＬ学園のスターであれば、宣伝効果も大きい。しかも大物スラッガー。人気、戦力いずれをとっても大きな存在になる。ぜひ入団させたかった。ところが近鉄のスカウトが、どんなに事前の調査を積んでも、福留が近鉄入りする可能性はゼロだった。

あるスカウトが、国体のときに極秘に本人と接触したが、回答は「中日、巨人以外は120パーセント行かない」という返事だった。100パーセントではなく、120パーセント。当時のＰＬ学園の中村順司監督も、近鉄のあるスカウトに言った。

「本人の意志が固すぎてどうにもならんよ」

福留は信念を曲げない男である。スカウト部門から球団の上層部に「指名しても来ません」と報告をした。しかし球団は「そんなことはない。何としても福留で行く」という意見だった。河西も「交渉権を得ても厳しいです」と伝えたが、球団の方針は覆らなかった。

だが、これだけの情報が広まっているにもかかわらず、ドラフト会議では7球団が1位指名をした。中日、日本ハム、巨人、ロッテ、オリックス、ヤクルト、そして近鉄。7分の1

である。まさか近鉄には当たらないだろうとスカウト陣は予想した。この数は、昭和60年の清原和博（当時PL学園）の6球団を上回る多さである。抽選のくじ引きが行われる。

「どうか当たらないでくれ」

というのが近鉄スカウトの願いだった。だがくじを引いた佐々木恭介《きようすけ》監督は当たりくじを手にして、「ヨッシャ！」と響き渡る雄叫びを上げた。このとき近鉄スカウト陣は思った。

「正直、ガクーンと来た。大変なことになったわと思った」

チーフスカウトの河西は、「わしのとこには難しい問題ばかりや。まあやりがいはありますわ」と報道陣に語るのが精一杯だった。

これまで難関と呼ばれる交渉も、「すっぽんの河西」と言われるだけあって、まとめてきたが、今回ばかりは勝算は見えなかった。

このとき河西は75歳。持病のヘルニアの状態も芳しくない。12月に手術も予定していたが、延期するしかなかった。

河西は、後輩のスカウトたちに言った。

「よし、腹くくるで！」

「くくりましょう！」

しかし交渉は予想通り難航した。球団社長、佐々木監督、そして河西らスカウト陣が大阪府のＰＬ教団で会ったが、福留の表情は終始硬かった。佐々木は情熱を前面に出して、福留を獲得しようと話しかける。直球勝負だが、押せば押すほど福留の心は閉じられた。

福留の顔は俯《うつむ》いたままだ。第１回の交渉で暗礁に乗り上げたかと思われたとき、河西が口を開いた。柔和な顔に、太く下がった眉毛《まゆげ》が人懐こさを表している。

「こっちもな、無理やり入口をこじ開けたんやから、せめて座敷までは上げてくれや。この年寄りが入り込めるだけの間口だけは、開けといてほしいんや」

俯いた福留の頬が少し上がった。

「なあ、ええやろ」

河西が一心に福留を見つめると、彼は小さく頷《うなず》いた。

これで２回目の交渉も行われることが決まった。河西は、周囲の大人たちが説得しても決して自分の信念を曲げない福留の心の強さを感じた。ぶれる気配すらない高校生を見て、

「賢い子やな」

とも思った。それだけに彼の意志を覆すのは無理だろうと改めて感じた。

２回目の交渉は、福留の故郷である鹿児島で行われた。鹿児島には福留の両親がいる。何とか説得して、もう一度大阪で３回目の交渉をしたい。

だが、条件提示も行うため、交渉によっては今回で最後、という可能性もある。

ホテルで河西は食事も喉《のど》を通らず、手つかずで料理を下げさせたという。

ここで河西は驚異の粘りを見せた。福留に会うなり、いきなり辛《つら》そうな顔をした。

「腰が痛《いと》うてのお。わしは飛行機は苦手だけど、君に会いたい一心で乗って来た」

このとき福留の顔から笑みがこぼれた。

「福留君、君にはおばあちゃんがおられたな。年いくつや」

「73歳です」

「そうか、わしが二つ上やなあ」

会話が進み、条件提示も済んで、「な、もう一回ええやろ」と3回目の交渉に持ち込むことに成功した。河西の粘りに、福留サイドもはっきりと断ることができなくなったのである。

「な、気持ちは傾いたか？」

そう河西に聞かれ、福留は苦笑するしかなかった。交渉は1時間15分だから、近鉄サイドもかなり頑張ったことになる。交渉も済んで、タクシーに乗り込むときだった。福留の前を歩いていた河西は突然気を失って倒れた。

すぐ後ろにいた堀井和人スカウトと福留の両親が支えて事なきを得たが、堀井は、河西の芝居だと思ったという。

「カワさん、三味線上手いでんな」

こっそり耳打ちすると、河西は「違うわい。ほんまに苦しいんや」と答えた。本当に疲労困憊《こんぱい》していたのである。後輩のスカウトたちは「あのときのカワさんの姿は見ていられなかった」と呟《つぶや》いた。それでも河西は病軀《びょうく》を押して、交渉を続けた。交渉は12月に入っても続けられたが、当初の予定通り福留は近鉄には行かず、日本生命に進んだ。

河西は無理が祟《たた》ったのか、微熱が続き、腹部大動脈瘤《りゅう》ができ、手術を受けることになった。その後、河西は球団を退団した。

2年後の冬だった。ドラフト会議も終わり、各チームが入団発表を行う時期になった。福留は、当初からの希望である中日ドラゴンズに入団した。彼の入団発表の翌日だった。河西家の電話のベルが鳴った。

「日本生命の福留ですが、河西さんはいらっしゃいますか」

家人が電話を取り、河西が電話口に出ると、福留は「中日に入団が決まったのでご挨拶《あいさつ》したい」とのことだった。ぜひお会いして、ご挨拶をしたいと言う福留に河西は言った。

「礼を尽くしてくれただけで十分や。活躍を期待しとるよ」

恐縮する福留に、河西は語った。

「わしは、あんたのことは少しも悪う思とらんで。だから胸張って何も気にせんと中日に入って頑張って下さい」

河西はこうも言った。

「お父さんは元気か。いつまでもあのときのこと引きずったらあかんで」

電話を切った後も、河西は「ほんまにあの子が好きや」と呟いた。近鉄との交渉では、どんなに高い金額を提示しても、転ぶことなく初心を貫いた福留が好きだったのである。

河西が入院したとき、周囲にはあのときの交渉が原因だったと言う人もいた。だがベッドで記者に言った。

「わしはあいつを憎めん。福留君はちっとも悪うないで。だから気にするなよ。もう終わったことや。いろいろあっても、もう何年かしたら思い出や」

ある新聞記者は語る。

「河西さんから、〝彼が近鉄に来てくれれば病気にならんでも済んだのに〟とかいった愚痴は一言も出ていなかったですね。むしろ〝あの子は何も悪くないのに気の毒になあ。わしはもともと体が悪かっただけなのに〟と言っておられました」

福留は近鉄に入団しなかった。結果論から言えば、交渉は失敗に終わった。しかし、そこでの河西の姿は福留の心に残った。河西の一言が、彼の心を動かし、人間として一回り大きくさせたことも事実である。

日本生命に入社し、もはや関係が無くなった老スカウトへ礼を尽くすという行為は、福留を大きく成長させたと言えるだろう。

【人を活かすポイント】その6
誠意は必ず相手に伝わり、動かす。そして人を大きくする。結果として交渉は失敗しても、後になって活きてくる。

●スカウトとコーチの連携があるチームは強い

スカウトと現場にいる監督、コーチたちは、チームを強くしたいという願いは同じでも、その内容は互いに違っている。

監督、コーチは、今すぐ使える人材を欲しがる。左投手とか、外野守備の上手い選手、左の長距離打者とか、具体的な選手の獲得を希望する。首脳陣は、契約された身分だから、今すぐに結果を出さなければクビになってしまうからである。

だがスカウトは、今強くなることも大事だが、将来の構想も見据えて獲得に動く。3年後、ベテランのショートが抜けた後、レギュラーになれる選手を探す。将来性のある高校生を獲れば10年は安泰だ。だが監督は、そんな先にモノになる選手を待っていられない。その頃は自分がチームにいないからだ。スカウトは、この相反する二つの要望を受け入れて選手を獲得する。フロントの理解があれば、長期的なチーム作りが可能になる。しかし、現場からの要望ばかり聞いていると、将来性を期待して獲った素材を潰《つぶ》すという悲劇が起こる。

平成6年の近鉄のドラフト1位指名は、田中宏和という桜井商業のエースだった。甲子園には出ていないが、夏の県大会は決勝で天理高校と対戦し、0対1で敗《やぶ》れた。

スカウトの河西俊雄は、試合よりもブルペンを集中して見ていた。

「持ち前の速球に緩急を交える投球は高校生離れしている。2年後には第一線で活躍できる」

身長は180センチ、体重は86キロ、担当スカウトに言わせれば、「体つきは野茂英雄に似ており、下半身ががっちりしていた」という。ただ河西も「2年後」と言っているように、将来性に重きを置いた獲得だった。

田中は独特のフォームをしている。テイクバックのときに、右腕が後ろに大きく入る。肩には負担がかかるが、腕が遅れて出てくるので、打者はタイミングが取りづらい。しかもクセ球《だま》だ。マックスは144キロ。それが自然に右、左と変化する。特殊なフォームだが、これは野茂英雄のトルネードに通じるものがあった。

ただ彼は7月の予選で肩を痛め、それ以降十分に投げ込んでいなかった。しかしチームの期待は高い。いきなり1年目のキャンプに一軍抜擢《ばってき》。田中の球を受けたバッテリーコーチは、あまりの重さに落球するほどだった。

このときスカウト陣は、投手コーチに言った。

「この子はまだプロの体になっていないから、できる選手と同じようにしたら駄目になる。せめて2年間は体を作るようにして、壊れないように鍛えて欲しい」

だが、いい球を投げるために、指導者も早く使いたいと焦った。キャンプ後半に行う紅白戦で田中は投げさせられた。

スカウトは選手のいい点を見て獲得する傾向があるが、コーチは欠点を見つけて修正しようとする傾向がある。この方針の違いがもろに出た。

投手コーチは、田中のテイクバックで、右手が後ろに入り過ぎる点を気にして、助言したり注意したりした。まだ高校を出たばかりの田中には、体を作る以前に覚えることが多すぎた。コーチの忠告を理解できなくなってしまい、気が付いたら、彼の最大の長所であるテイクバックがフォームから消えてしまった。

あるスカウトは、この事実を知ったとき、コーチと喧嘩《けんか》までした、という。

「今までのフォームでやって、にっちもさっちもいかなくてあかんというのなら、わかる。けどキャッチボールを見ただけで、あのフォームがあかん、というのはおかしい。野茂だってあんなフォームでやってきたんやから」

やがてシーズンに入り、スカウトが気になって田中の投球を見に行った。このとき彼の勢いのあるクセ球は姿を消し、凡庸な球しか投げられなくなっていた。体ができていない中で、フォームの修正を行ううちに肩を壊したのである。

河西も、驚いて言った。

「フォーム変わったやないか。あいつの、ええとこが消えとるやないか。キャンプ見たときはよかったのにどうしたんや」

野茂は高校時代から、何度もフォームを変えるように言われ続けたが頑として受け付けなかった。だが田中は変えてしまった。

「結局、本人が優しすぎたんでしょうね」

彼をよく知るスカウトは呟く。

結局、一度も一軍登板がないまま田中は5年間で近鉄を退団した。

同じ悩みは、阪急のスカウト丸尾千年次にもあった。

「自分がいいと判断して獲った選手が、成功しなかったときは、本当に心を痛めていました。現場の指導者の教え方が上手くない。あれでは潰されると危惧《きぐ》していました」

彼をよく知るスカウトの回想である。成功した選手よりも、成功しなかった選手のほうがスカウトの心に重くのしかかる。

丸尾は豪傑肌だったので、キャンプで練習を見たときは「教え方が悪い、これじゃ駄目になる」と現場のコーチと衝突することもあった。自分が見込んで獲った選手が、間違った方向に導かれる姿に耐えられなかったのだ。

スカウトが現場に介入してくるのを嫌うコーチは多い。それぞれの担当領域があるからだ。

しかし、スカウトとコーチが情報交換、連携を密にしたチームは確実に強くなる。

その典型的なケースが、鶴岡一人《かずと》が監督を務めた頃の南海ホークスである。彼は昭和21年から監督に就任し（就任時は近畿グレートリング）、同43年まで23年に亘《わた》って監督の座にあった。その間のリーグ優勝は11回、日本一には2度輝いた。監督としての通算勝利数1773勝は史上最多である。

あるコーチが新人選手を見て、鶴岡に不満を洩らした。

「あれはちょっと具合悪いですよ。何でこんなの獲って来たんですかね」

このとき鶴岡は激怒した。

「スカウトが1年も2年も掛けて、日本中を汗水垂らして獲ってきたものを、お前が見るなりあかんとぬかすな。選手には親御さんもおられる。りんごで駄目なら、バナナで教えろ。それでも教え方が悪くてあかんときは、俺が親御さんに謝る。〝これだけ手を尽くしましたけど駄目でした〟と」

鶴岡も監督の傍ら、スカウティングも行っていた時期があった。そのため、親御さんから選手を預かっている以上、ただ単にそこらにあるものを獲って来るのとは違うと言いたかったのである。スカウトの労力を考えれば、少し見ただけで「あかん」とは言えない筈だ、と。

「スカウトは漁師。監督、コーチは料理人。両方が上手く行かないと選手は育たない」

鶴岡の言葉が、その重要性を表現している。

【人を活かすポイント】その7

選手が活躍できるかできないか。そこには現場との意思の疎通が大きな比重を占める。スカウトの意見を大事にするコーチは、選手の育成に成功し、ひいてはチームを強くする。選手のすべてを知るスカウトの意見を無視すれば、選手は大成できない。採用と現場が上手く嚙《か》み合うと人は育つ。

●引退後の能力まで見込んで採用する　ヤクルト・小川淳司、近鉄・大久保秀昭

ヤクルトの元スカウト片岡宏雄は、大学卒で社会人野球を経て入団する選手には、引退後のことも考えて獲るようにしていた。大学卒選手なら、23歳でプロ入りする。さらに社会人野球で2年プレーしてプロ野球に入れば、25歳。芽が出ずに解雇されれば、30歳過ぎで社会に出ることになる。ここから再び仕事を探すのは大変だ。

片岡は言う。

「社会人チームに残っていれば、野球をやめても会社に残って働いていける。その安定性を奪ってプロ入りさせたら、引退後どうするのか考えなければいけない」

当然、引退後は、チームのスタッフ、指導者としての可能性も探った上で見極めることも必要になってくる。引退してからもチームの力になれるかどうか。その事例が今、東京ヤクルトスワローズの監督を務めている小川淳司《じゅんじ》にあてはまる。小川は千葉県習志野高校のエースとして夏の甲子園大会で優勝。中央大学では外野手となり、日米大学野球では全日本チームの主軸として、東海大学の原辰徳や早稲田大学の岡田彰布とともに出場している。その後河合楽器に進んだが、ドラフト4位でヤクルトに入団した。移籍した日本ハムを含め実働11年で940試合出場、412安打、66本塁打、195打点、打率.236と大活躍したとは言い難い。左投手専用の代打、守備固めとしての起用が多かった。

しかし小川は真面目な性格で社会人としての知識が身についていた。その点も長所として指名したという。

小川は引退後、スカウトを経て、二軍守備走塁コーチ、二軍監督、一軍ヘッドコーチを経て、平成23年から一軍監督。2年続けてAクラス入りさせた手腕は、指揮官として有能であることを示している。

もう一つの例が、近鉄が平成8年にドラフト6位で指名した日本石油の捕手、大久保秀昭である。彼は桐蔭学園高校、慶應義塾大学、日本石油を経て、ドラフト指名のときは27歳。プロ入りするには、まず年齢だけではねられる世代だ。しかも重労働の捕手、どうみても活躍する期間は短いと決まっている。そんな捕手をなぜ指名したのか。

じつは大久保はアマ球界では絢爛《けんらん》たるエリートコースを歩んできた選手だ。慶應大学では主将で、春、秋の二連覇に貢献、日本石油時代は社会人ベストナイン4回、平成8年のアトランタオリンピックでは全日本の司令塔を務め、銀メダルに貢献した。そのままアマに残れば、慶應大学、日本石油の監督にもなれる器である。

近鉄のあるスカウトはその目的を語る。

「じつは大久保は肩を壊していました。二塁へのスローイングも本当に遅かった。だけど彼は全日本のチームで、若手の有望な投手の球をすべて受けてきているわけです。あるいはアマ時代に、アマのエース級の投手を打者として見ている。彼を近鉄に入れるのは、引退後チームの役に立ってもらえれば、と思ったのです」

それは、スカウトであってもいい。これからのスカウトは、プロ経験者云々《うんぬん》でなく、アマチュア球界に熟知していたほうが、広い情報、人脈を持っているから、レベルアップしたスカウティングが可能だ。

あるスカウトは、スカウトのプロ野球での実績やプロ野球界とのコネよりも、アマチュア球界に通じていることが大事なのだと言う。そのためプロよりアマ球界で実績のあるスカウトのほうが、人脈も豊富で強力な武器を持っていると言われている。

もう一つはアマでの豊富な経験である。全日本のエース級の球を受けているから、いい球も悪い球もすべて知っている。彼らがプロに入ったときに、球を受けた経験は活きてくる。相手チームのエースを裸にしているからである。二軍のバッテリーコーチであれば、入団した選手と同じチームになったとき、アマ時代の長所、短所を踏まえて、助言できる。

将来幹部候補生として、27歳の選手をドラフトで獲る。それも引退後に活かすという発想で獲得に踏み切った。

スカウトは言う。

「もう肩も壊れていましたし、野球の技術がいいからというのではなく、選手として終わってからのことを考えて獲ったわけです。発想の違いなのですね。周りは凄《すご》い獲り方を近鉄はしたなと思ったようです」

大久保は右肩痛に悩まされ、プロ５年間で引退。出場試合は83試合、本塁打２本にとどまったが、梨田昌孝監督の専属広報となり、その後湘南シーレックスの打撃コーチを務めた。

スカウトの言葉通り、引退後、さまざまな立場でプロ球界で力を発揮した。後に古巣である新日本石油ＥＮＥＯＳ（日本石油の後身。現ＪＸ-ＥＮＥＯＳ）から監督の要請を受け、就任。平成20年と24年、都市対抗野球で優勝させている。

球団は、ドラフトにかける選手は、当然選手としての力量を見て決断する。だが引退後にもチームの力になると見込んで選手を獲得するのも、人を活かす知恵の一つである。

【人を活かすポイント】その8

選手としてだけの実力を見て判断しない。引退してからの指導者やスカウトとしての力量のあるなしまで見込んで獲る方法もある。将来のリーダーや参謀になりうる優秀な人材を早めに確保しておくことも、一つの組織戦略である。

●スカウトが選手に引導を渡す　近鉄・石本貴昭

昭和60年、61年と2年続けて最優秀救援投手に輝いた左腕に石本貴昭《よしあき》投手がいた。石本はキレのいい速球を武器に、滝川高校でエース、甲子園ではベスト16まで進んだ。ドラフト１位で近鉄に入団。ついたニックネームは「鈴木啓示《けいし》二世」。石本は、近鉄の左腕の３００勝投手である鈴木に匹敵する素材だった。

だが、3年目を迎えても石本は一軍で実績を残せずにいた。気持ちも萎《な》えそうになった。そのときのキャンプに河西がやって来た。このときの河西は鬼の形相だった。

「お前は甘えとる！　厳しくやらんでどうするんや」

活を入れられ、襟を正した石本は、再び練習に打ち込んだ。入団5年目の昭和60年には70試合に登板、リリーフだけで、19勝3敗7セーブと驚異的な数字を挙げている。この年の最高勝率、最優秀救援投手のタイトルを獲得した。

この年のオフに球団事務所に契約更改に行った石本に、河西は両手で彼の手を取ると目に涙を溜《た》めて言った。

「ほんまによかったなあ」

石本のほうも感極まったという。

彼は翌年も64試合に登板し、32セーブを挙げて、2年続けて最優秀救援投手のタイトルを獲得した。その翌年も50試合登板。しかし明らかに登板過多だった。左肘《ひじ》の骨にひびが入り、投げるときにどうしても肘を庇《かば》う投げ方になる。フォームも崩し、肩も痛めた。

もう一度復活したいと彼は願い続けた。しかし、このとき近鉄は野茂英雄をはじめ、若手の投手が中心となっていた。石本の出る幕はない。

石本は中日にトレードされたが、肘は治らず、今度は左の肩甲骨を痛めた。平成4年の夏に、来季は契約しないと告げられてしまった。しかし石本は現役にこだわった。その夜、どこで情報を知ったのか、河西から電話が掛かってきた。ここでの河西も鬼の声だった。

「聞いたよ。お前の投げるボールを見たが、もう一軍ではダメや。もう通用せん。それはわかるやろう」

それまでの石本は、今の球威でもプロで通用するとまだ信じていたのである。しかし、河西は高校時代から、彼の長所も短所も知っている。中日に移籍してからも、こっそりと二軍のグラウンドで見ていたのである。石本はようやく引退の決心をした。

このとき河西は、石本に子供ができたばかりで生活が大変なことも知っていた。次の仕事の心配があった。河西は、引退の引導を渡した後に言った。

「お前は近鉄に貢献しとるからクビにするわけにはいかん。野球界を去ったらあかんで」

河西は球団に掛け合い、石本のために、スコアラーの枠を確保してくれていた。選手の周囲にはコーチ、監督など多くの指導者がいる。彼らの意見は大事だが、「自分はまだやれる」と思うのが本音だ。そんなとき、10代のときから見ていてくれたスカウトは父親のようなもの。彼らの一言は、選手に「引退」という最大の決断をする場で、強い説得力を持つ。

【人を活かすポイント】その9

スカウトは、選手にとってプロの世界に導いてくれた特別な存在。何から何まで知っている。そのため彼らの一言は、選手が思い悩んで袋小路に入らないようにする重みを持つ。引退など、第二の人生の岐路に強い影響力を持つのはそのためだ。

第3章　人を活かす組織を作る

●補強と補充は違う

「チームを強くするには〝補強と補充〟が必要や。しかし勘違いしちゃいかん。〝補強〟と〝補充〟は違うんやで。強いチームはそれを知っているんや」

横浜ベイスターズの元スカウト部長の高松延次は、紙に円柱を描いた。円柱の側面の線はときおり凹《へこ》んでいた。彼はもう一度円柱の図をペンで示した。

「円柱がチームや。この凹んだ箇所が、チームに足らんとこや。例えば足の速い選手がおらん、左のええ投手がおらん、長距離バッターがおらん。ここをトレードで獲《と》って埋めるんや」

それが補充である。これは早急に対処すべきだから、他球団から該当する選手を引っ張ってくる。外国人選手を大枚叩《はた》いて獲得する。しかし、これはその場しのぎだから、効果は数年しかない。従って根本的なチーム力の強化には繋《つな》がらない。だが補強は違う。

「補強とはこういうことや」

高松はそう言うと、円柱の隣にもう一つの小さな円柱を描いた。

補強とはチームの将来を見据え、新人選手を獲得し、一から育て上げることである。現在右のエースがいても、何年後かには年齢的に力が落ちてくる。そのときに備えて、いずれチームを支える有望な右投手を獲得しておく。彼らは高校生、大学生など若く荒削りな素材だから、鍛えてものになるまで何年もかかる。時間はかかるが、彼らは生え抜きで長い期間チームを代表する選手になる可能性がある。当然、補強の上手《うま》く行ったチームは、常勝軍団になりえる。補充と違って即効性はないが、長期にわたって強さを維持できる編成なのである。

一方補充に重点を置くチームは毎回同じことを繰り返していくから、弱点の根本的解決にならない。継ぎ接《は》ぎだらけの服を着るようなもので、チームの永続的な強化は望めない。

今年足の速い選手を獲ったら、翌年は左のリリーフがいない。またトレードで持ってくる。そのうち足の速い選手が衰えてくる。その繰り返しである。

「補充に頼るのは弱いチームや。スカウトはこの違いを理解して選手を獲らんとあかん」

彼は、円柱の隣に描いた小さな円柱を、図でひょいと上に乗っけた。二つの円柱を合算したものがチーム力である。補強をすれば、円柱は高くなる。補充によって線の凹部を補っても、円柱そのものは高くならない。

このよい一例が巨人である。巨人は昭和40年から９年連続日本一という快挙を成し遂げた。

しかし唯一の弱点があった。O（王貞治《さだはる》）N（長嶋茂雄）の後を打つ5番打者が不在だったのである。そのため即効性を求め、毎年他球団からベテランの強打者森永勝也《かつや》（広島）、高倉照幸（西鉄）、桑田武（大洋）などを獲得せざるを得なかった。しかし彼らの活躍はもって2年である。すると、翌年にまたトレードで5番打者を持ってくる。しかし監督の川上哲治はその間も、子飼いの選手で5番を打つ人材の育成に余念が無かった。9連覇の後半には、末次利光《すえつぐとしみつ》が5番を打てるまで成長し、チームの安定感は増した。トレードで打者を獲得する必要がなくなったのだ。このときの巨人は〝補強〟と〝補充〟の違いを知っていた。

一方最たる失敗はこれも巨人である。平成5年から長嶋茂雄が監督に就任したが、以後他球団の4番打者をかき集めた。落合博満《ひろみつ》、清原和博、広澤克実、石井浩郎、マルティネスなどである。しかし彼らは数年でチームを去り、常勝チームに成りえなかった。当時の巨人は補強と補充の意味をわかっていなかったのである。

確かに補強は、時間、労力、コストも莫大《ばくだい》にかかる。同時に怪我、指導方法の失敗などで選手が育たないというリスクも存在する。しかし、それを承知で、じっくりと育て上げた選手は必ずチームの顔となる。王貞治も高校卒で入団したが、指導者に恵まれ世界の本塁打王になった。努力が開花したのは入団4年目である。

野球に限らず、今ビジネスの世界でも、即戦力とか資格を持った経験者採用が盛んだ。しかし、その組織は補充に頼り、脆弱《ぜいじゃく》であることを露呈している。即効性に頼れば一時的な成果はあっても、長期的なビジョンに立てば効果は薄い。原石を磨くように、新入社員を焦らず育てていける組織は盤石で、不況に襲われてもぶれない。遠回りだが、それが組織を強くする近道なのだ。多くの無駄も生じるから、その余裕を持てるかどうかが組織力の差である。

「補充ばかりを選択し、育成に失敗すると、そのブランクを取り戻すのに3年以上はかかる。スカウトは補充と補強のバランスをどうとるかや」

高松のさりげない一言は、本人が意識する、しないにかかわらず、組織論の本質を言い当てている。

【人を活かすポイント】その10
補強と補充の違いを考えて、人を採用すること。即戦力を採用したほうがすぐに効果はあるが、その場限りというときもある。長期的な展望に立って、組織を強くするには、新人を採用し、時間をかけて生え抜きを育成する。

●補充が効果を現すとき
補充と補強の区別をすることは大事である。チームを長期的に強くするには補強が一番重要だが、補充が効果的な場合がある。それは巨人のように常に優勝争いのできるチームである。例えば、チーム力を点数化し、100点満点の80点以上のチームは、優勝を狙えるチームである。こういうチームは、守りが上手い選手、足の速い選手、ワンポイントリリーフの投手、右の代打など、トレードで選手を補充すれば、十分に弱点を補うことができる。

平成6年に日本一になった巨人はこの事例に当てはまる。この前年の巨人は、4番の原辰徳の怪我、駒田徳広《のりひろ》や外国人選手の不振で、優勝を逃した。このオフ、巨人は補充に重点を置いた。4番打者に中日から落合博満、外国人選手もコトー、グラッデンの2名を獲得した。右の代打にダイエーの主砲岸川勝也《かつや》、そして守備固め、代走に横浜から屋鋪要を獲得した。翌年巨人はリーグ優勝すると、日本シリーズも制して日本一になった。補充された選手は、いずれもベテラン選手である。

しかし同じことを弱いチームが行っても効果はない。

「今年30も40も負け越しているBクラスのチームが、補充をしてもチームの底上げはできない。いくら補充をしても、チーム力（前節の円柱）は高くならない。80点に届くように補強をしないといけない。この点を間違わないことです」

高松延次は述べる。ここで問題になるのが、前にも述べたが、監督や現場サイドの意向とスカウトの意向の違いである。監督は1年が勝負だから、補充に走りたがる。2、3年後にはチームにいない可能性があるからだ。そうすると将来を見越した補強ができなくなる。

「しっかりしたフロントがいて、球団社長や監督に理解があれば、補強ができるわけです」

新人選手獲得にも、補強と補充の違いは出て来る。

高校卒の選手は、通常将来性を見越して補強のために獲得する。一軍に出て来るまで時間はかかるが、レギュラーになれば若いだけに10年間は安泰だ。大学、社会人選手は、即戦力として獲る。すぐに活躍してくれるかもしれないが、20歳を超えてからの入団なので活躍できる期間は短い。むしろ補充としての対象になる。

高校生で素晴らしい選手は、ダルビッシュ有や松坂大輔、前田健太のように、高校卒業の段階でプロに入るのがふつうである。大学、社会人に進む選手は、少し力が足りないとか、打撃、守備など力不足の面があるから、ワンクッション置くという意味で進学、就職する。その過程で頭角を現した選手が、ドラフト会議の対象になる。完成品と言えばそうだが、高校生に比べて伸び代が少ない。

高校生は補強の対象、大学生、社会人は補充としての対象、これが原則である。

ところが平成5年に大学・社会人選手の1位、2位指名に限り、逆指名（自由獲得枠）ができるようになると、どの球団も一斉に即戦力の選手を獲ろうとした（逆指名・自由獲得枠は現在は廃止）。補強と補充の違いを間違えたのである。

ここで奇妙な現象が起きた。大学・社会人選手が逆指名できると、殆《ほとん》どが、人気のあるセ・リーグの球団に入団し、パ・リーグには誰も見向きもしなくなった。そのためパ・リーグは高校生のAクラスの選手を獲ることができるようになった。

そのため十分な補強ができたのである。

弱いチームも補充に重点を置いたため、セ・リーグのいくつかの球団はチーム力が落ちてしまった。一方パ・リーグは、高校生のトップクラスの選手が入団することになり、チーム力が強化された。

これも補強と補充の違いを理解して編成することの重要性を表している。

これはネクタイにも喩《たと》えることができる。高松は言う。

「いいネクタイ、気に入ったネクタイは、ほころんだら縫ってもいい。気に入らないネクタイは放ってしまえということです。新しいネクタイを買ったほうがいい。これを使っていても優勝はできない。放って、自分の気に入ったネクタイを作る。これが補強です。巨人のように高級なネクタイを使っていたら縫ってもいい。これが補充です」

補充は、一つの組織強化方法として有効である。ただし巨人のように戦力が整ったチームでこそ、活《い》きる。弱いチームが補充に走っても根本的な強化には繋がりにくい。個々の選手をチームで活かせるかどうかは、チーム編成方針がしっかりしていなければならない。

【人を活かすポイント】その11
補充も一つの組織強化法。ただし強い組織でこそ十分に活かされる。弱い組織は長期的視野で補強に重点を置くべし。

●チームにはカナヅチ以外にペンチもキリも必要　阪急・高井保弘、山本公士

阪急の名スカウト丸尾千年次の組織論はこうだ。

「チーム編成は織物みたいなものである」

縦糸と横糸が上手く絡み合って強いチームができる。縦糸とは、優秀なバッテリー、100万ドル内野陣、一発長打の外野陣。とくに投手はオーバーハンドの本格派のエースが必要。つまり小細工無用の主力のレギュラー陣だ。

では横糸は何か。これは代打の切り札、俊足の代走要員、守備要員など豊富な控え選手のことだ。主流からそれた脇役だが、一芸に秀でたスペシャリストである。

丸尾は言う。

「野球のゲーム運びには道具的な役割の選手が絶対に必要なんです」

その横糸を充実させるため、丸尾は、代打の切り札高井保弘《やすひろ》、代走専門の山本公士《こうし》を獲得

した。時代は昭和30年代後半。スペシャリストとして選手を見ることを誰もやっていなかった。

当時は丸尾もよく批判された。

「こんな選手をよくもまあ、どんなつもりで入団させたのですか。何を考えているのですか」

先の二人は「よくもまあ」という選手に該当した。

高井は、社会人野球の名古屋日産モーターの選手だったが、足は遅く、守備も下手だった。しかし打撃はピカ一で、勝負強い。この打撃は使い道があると判断し、獲得に踏み切った。

高井は入団当初は変化球に対応できず苦労したが、やがて相手投手の癖を見抜く能力に開眼し、一軍に抜擢《ばってき》。代打専門の選手として活躍するようになり、彼の通算代打本塁打27本は、世界記録になっている。昭和49年にはオールスターゲーム第1戦で、代打逆転サヨナラ本塁打を放った。この年に記録した代打本塁打6本はパ・リーグ記録だ。

もう一人の山本公士は、昭和38年に入団したが、打たせても打球は飛ばない。肩も強くはない。体は小さい。だが彼には抜群の足の速さがあった。

シートバッティングで、走者二塁に立たせると、ワンヒットで、楽々ホームインしてしまう。西本幸雄《ゆきお》監督は言った。

「丸尾さん、面白い選手獲りましたね」

山本は背番号2をつけて、代走専門の選手になった。彼が代走に出ると、観客は「ゴーッ！」と声を上げる。山本は通算7年で、ヒットは69本しか打っていないが、昭和41年に代走専門で、盗塁王のタイトルを獲得した。縦糸と横糸が上手く絡み合った阪急は、昭和40年代に5回パ・リーグの覇者となった。選手は欠点ばかり見てもいけない。長所を伸ばしてやることも大事だ。すると十分に役に立つ選手になる。二人の事例はそのことも教えてくれる。

丸尾はこんな喩えをする。

「大工道具にカナヅチばかりあっても何にもならない。カナヅチも必要だが、ペンチもキリも必要なんですね。私たちの仕事はカナヅチも探してこなければならないが、ペンチもキリも探してこなければならない」

ここに人を活かす組織の在り方が明示されている。

【人を活かすポイント】その12

人にはそれぞれの役割がある。スターであるカナヅチだけで強くはならない。脇役であるペンチとキリがいることで、互いに上手く嚙《か》み合い組織は強くなる。

●スカウトがコーチングスタッフになるシステム　日本ハム・吉崎勝

スカウトと現場の見解の食い違いは昔からあった。コーチも一生懸命に選手を育てる。スカウトも選手の原石の時代から見ているから、思い入れも強い。この二つの相違を解消する方法がある。日本ハムの元スカウト田中幸雄は自身の経験から、気づいた点がある。

「選手育成を上手く行かせるには、編成、育成のマニュアル化が必要だと思います。そのためには二軍コーチと、スカウトを同じ土俵に乗せるのが一番いいのです。これが現場とスカウトの思いをスムーズに活かす理想の形だと思います」

スカウトが二軍コーチになったり、二軍コーチがスカウトになったりするシステムだ。

これであれば、コーチ、スカウト、双方の見方を活かして選手の育成を行うことができる。スカウトは、「この選手の欠点を、こう直せばいいのに」と入団前から考えていたことを現場で修正できる。コーチもスカウトになれば、現場からの視点で選手を判断することができる。

田中はスカウトを務めた後、平成13年から2年間、二軍投手コーチを経験した。このとき、自分がスカウト時代に担当した選手を実際に教えている。その選手の長所を知っていたが、入団して何年か経つにつれて、長所が薄れてしまっていた。

田中は言った。

「お前のいいところはこういうところじゃなかったのか」

このとき選手は忘れていた点に思い至ったという。

日本ハムに吉崎勝《まさる》という左腕投手がいた。平成11年にミキハウスからドラフト３位で入団した選手である。球は速くはないが、緩急で勝負する投手だった。ところがプロに入ってから緩急の差が少なくなって、３年間勝ち星はなかった。

吉崎が二軍に埋もれていたとき、コーチとなった田中は彼と再会する。田中はミキハウス時代の長所を思い出した。彼は投げるとき、一度打者から目を逸らして、二塁ベースを見るように後ろを向く。そこからカーブなど変化球を投げる。彼の球は速くないので、緩急が生命線になる。

「何を武器にするかと言えば、速い球を活かすよりは、一番遅い球を投げさせることですよ。それはカーブです。左投手のカーブは軌道さえよければ、そんなに打たれません。それをいかに磨くかでした」

田中は、自身がアメリカ留学したときに知った変化球習得ドリルを吉崎に読ませ実行させた。フォームも固まり、切れもよくなった。縦に曲がるカーブも投げられるようになった。

「打者はまっすぐを待っていても、スライダーには対応できます。でもカーブを待っていたら、速球には対応できないのです。その投球の幅を広げるためにも、彼の長所を伸ばすことに力を入れました」

吉崎は、平成15年に前半戦で8勝を挙げる活躍をした。オールスターゲームにも選ばれた。後リリーフに転向して、平成17年には40試合に登板、1勝8ホールドを挙げている。

スカウトは選手の長所、短所をよく知っている。スカウトが育成に関わることができたら、もっと選手は伸びる可能性もあるし、コーチと指導方法が合う、合わないの問題も少なくなる。田中は言う。

「能力のない人にコーチをさせても駄目ですし、すべてのスカウトがコーチになるのとも違います。ただ核となるスカウトが常にコーチとして現場と入れ替わるのはいいと思います。そうすれば育成のミスは減ってくると思います」

【人を活かすポイント】その13

現場と採用担当との意見の食い違いを無くすために、スカウトが育成に携われば、現場とミスマッチは少なくなる。コーチもスカウトを経験すれば、コーチの眼で選手を獲得できる。交互に担当するのも人を活かすためのよい方法だ。組織でも採用、現場の双方が関わり合う体制を作れば、人材の育成に効果を発揮する。

●ポジションごとの年表を作る

有望な選手を獲得するには、それなりの資金が必要である。契約金、年俸など高い条件を示すことも選手が入団する条件の一つである。他の組織でも、豊富な資金に恵まれた大企業なら、有能な人材を確保することは簡単だ。企業の知名度、待遇に惹《ひ》かれて、黙っていても多数の人材が応募してくれるからだ。

しかし、資金もない企業や、知名度のない中小企業ではどのようにして有為な人材を集めればよいのか。そのヒントになるのが、広島東洋カープの手法である。

広島は、巨人などのように豊富な資金力がない。高額な条件を提示して、アマ球界のスター選手を確保するのはたやすいことではない。しかし、その状況でも広島は、昭和50年に初優勝すると、日本一３度、リーグ優勝６度という実績を残している。その主力になったのは、生え抜きの高校卒の選手たちだ。

近年を見ても、前田智徳《とものり》、栗原健太、江藤智など球界を代表するスラッガーを輩出し、投手も前田健太、北別府《きたべっぷ》学などタイトルホルダーが何人もいる。古く目を向ければ、衣笠祥雄、髙橋慶彦、長嶋清幸なども高校卒のスター選手たちだ。これらの選手たちの特性から、資金力のない球団が、強くなる秘訣《ひけつ》が見えてくるようだ。

広島のスカウト部長苑田聡彦は言う。

「うちは高校生を獲っているイメージが強かったのですね。あまり大学、社会人の選手は獲れていなかった筈《はず》です。それで高校卒の叩《たた》き上げの選手が成長して中心選手になりました」

とは言え、高校卒の叩き上げの選手が、一流選手になるのは容易なことではない。それが可能だったのは、広島のスカウティングシステムに理由がある。広島は各ポジションごとに獲得した選手の年表を作っていく。投手、捕手、内野、外野などを獲得した選手で埋め、図にしていくと、どこに選手の空きがあるか見えてくる。

「あるポジションで、二軍で活躍して来年は一軍で活躍が見込まれる選手がいたら、そのポジションの選手は獲らないのです。そこに大学や社会人の即戦力を獲ったら、その選手は試合に出ることができません。そういうことを考える球団なのです」

苑田はそう語った。そうなると、空きのあるポジションを中心に選手を見てゆけばよいから、すべての選手をくまなく見る必要がなくなる。要点を絞ったスカウティングに徹することができる。そうすると、生え抜きの若い選手が、力をつけ、試合に出て、活躍することが可能になる。それは選手にとっても、モチベーションを保つのに最高の環境となる。

せっかく力をつけ、レギュラー獲りが見えてきた矢先、同じポジションに大物選手がトレードで来たり、外国人選手が来たりする例はよくある話である。球団も即効性を求めて行うのだが、長期的にレギュラーとして活躍できる若手の選手は育ちにくい。目標を見失いモチベーションの低下に繋がることもある。

広島の方法は長期的なチームの補強という面で理想的である。球団に「辛抱強く選手を育てる」という信念がないと、できない方法である。広島はそれが可能だったので、球界でも定評のある育成力を生みだすことができている。

【人を活かすポイント】その14
生え抜きの人材を伸ばすために、各ポジションの人材の年表を作る。その空白を埋めるように新たに補強をすれば、若手の生え抜きが伸びやすい環境になる。

あとがき　ビジネスとスカウティングも究極は〝誠意〟

スカウティングは、今も昔もダークな裏話的なものが付きまとう。とくに選手獲得にはカネが絡む。他球団との競争という意味合いがあるから、仕方がないのかもしれない。だが、本書に登場する殆《ほとん》どのスカウトが、いろいろな手法を使いながらも、その究極には誠意が必要だと語っている。選手に、その家族に、球団に、そして野球界に対してである。自分だけがよければ、というやみくもな競争に走った組織は潰《つぶ》されるということを意味している。

他の世界も同じだろう。競争社会は「食うか、食われるか。いい人材を獲《と》らなければ、こちらがやられるだけ」という世界である。だが底辺に誠意が流れていなければ、本物の強い組織を作ることはできない。いい人材も確保できず、活《い》かすこともできない。

最後にスカウトがいかに人を大事にしていたか、逸話を述べたい。

プロ野球の最古参スカウトで豪腕で鳴る、元阪急ブレーブスの丸尾千年次は、ドラフト会議がテレビ中継されることに怒っていた。

「パフォーマンスのショーにしたいのだろうが、新入社員の配属先を抽選して決める場面を映すことはないだろう。あれは見せるもんじゃない」

選手の進路の悲喜こもごもを見せものにしてしまうことに対して、であった。本人の気持ちを配慮すべきだ、という思いがあった。

そして選手を見抜き、口説き、チームで活かす一番の功労者であるスカウトの立場が低いことへの悔しさもあった。丸尾氏をよく知るスカウトは言う。

「スカウトがチームで担っている役割は、もっと評価されていいのではと言っていました。人買いとか昔は悪いイメージもあった。その意味で、スカウトの地位を気にしていました」

スカウトから野球殿堂入り表彰者が出て欲しい、それが丸尾の晩年の願いだった。スポットライトの当たる地位ではないが、選手を、組織を誰よりも熟知しているのがスカウトだ、という自負があった。戦国時代とも言える自由競争の時代、各球団が集まる地方大会で、丸尾はスカウトを集めて部屋で飲んでいたという。丸尾が缶ビール、つまみを買い出しに行っていた。ライバルであっても互いに苦労している仲間という思いがあったのだろう。

他の世界でも、プロ野球のスカウトのように日の当たらぬ場で、一生懸命汗を流している人たちがいる。そんな人材によって組織は支えられている。

スカウトの人を見抜く眼、交渉術、人を活かす手腕は他の世界でも通用する。スカウトの手法を、お読みになった方に自分の組織で活かしていただけたら、きっと強力な組織ができ上がることだろう。

なお、丸尾千年次氏は平成12年に、河西俊雄氏は平成19年に亡くなられました。ですがお二人の功績も記したく、お二人をよく知るスカウト、選手、ご家族の皆様から取材を重ね、ここに記させていただきました。

最後になりましたが、取材にご協力いただきましたスカウト、選手の皆様に厚くお礼を申し上げます。また本書の執筆にあたり、角川書店第一編集局の亀井史夫氏、企画段階から助言をいただきました同編集局の岸山征寛氏のご尽力をいただきました。お二人に重ねて謝意を申し上げます。

なお、作品の性質上、敬称は略しました。

平成25年5月6日

澤宮　優

参考文献

・片岡宏雄『プロ野球　スカウトの眼はすべて「節穴」である』双葉社　平成23年
・同著『スカウト物語　神宮の空にはいつも僕の夢があった』健康ジャーナル社　平成14年
・戸部良也『白球の星を追え！　ドラフト会議までのスカウトの暗躍』講談社　昭和53年
・安倍昌彦『スカウト　プロ野球の輪郭をふちどってきた男たち』日刊スポーツ出版社　平成21年
・同著『スカウト魂　たたき上げの詩』日刊スポーツ出版社　平成23年
・後藤正治『スカウト』講談社　平成10年
・同著『牙　江夏豊とその時代』講談社　平成14年
・澤宮優『ひとを見抜く　伝説のスカウト河西俊雄の生涯』河出書房新社　平成22年
・別冊週刊ベースボール新年号「プロ野球ドラフト史　１９９７年度版」ベースボール・マガジン社
・山際淳司「ＯＦ　ＴＨＥ　ＦＩＥＬＤ　２　丸尾千年次」週刊ベースボール昭和59年11月26日　ベースボール・マガジン社

・「スカウト三代　丸尾千年次・田村和夫・山崎弘美」ベースボールマガジン
昭和53年11月号　ベースボール・マガジン社
・長谷川晶一「エース・伊藤四郎　豪快スカウトに転身」野球小僧　平成23年6月号
白夜書房
・小林美保子「阪神タイガース・スカウト登場　池之上格インタビュー」野球小僧
平成15年8月号　白夜書房
・「炉辺球談　丸尾千年次」（上・下）報知新聞　昭和48年2月16日・17日
・「きょうの顔（11）丸尾スカウト」サンケイスポーツ　昭和32年11月27日
・「ベテラン放談　丸尾千年次」サンケイスポーツ　昭和31年12月28日
・「ザ直撃　高松延次編成部長に聞く」サンケイスポーツ　平成11年8月17日

その他、各種スポーツ新聞、野球雑誌を参考にしました。

澤宮　優（さわみや・ゆう）
1964年、熊本県生まれ。ノンフィクション作家。青山学院大学文学部史学科卒業、早稲田大学第二文学部日本文学専修卒業。主に陰の世界で懸命に生きる者に光を当てることをテーマに幅広く執筆。2003年に刊行された『巨人軍最強の捕手——伝説のファイター吉原正喜の生涯を追う』（晶文社）で第14回ミズノスポーツライター賞優秀賞受賞。著書に『この腕がつきるまで——打撃投手、もう一人のエースたちの物語』（角川文庫）など多数。
澤宮優ホームページ
http://www2.odn.ne.jp/yusawamiya/

人《ひと》を見抜《みぬ》く、人《ひと》を口説《くど》く、人《ひと》を活《い》かす
——プロ野球《やきゅう》スカウトの着眼点《ちゃくがんてん》

澤宮《さわみや》　優《ゆう》

二〇一三年六月十日　初版発行

発行者　井上伸一郎
発行所　株式会社角川書店
〒一〇二—八〇七八
東京都千代田区富士見二—十三—三
電話／編集　〇三—三二三八—八五五五

発売元　株式会社角川グループホールディングス
〒一〇二—八一七七
東京都千代田区富士見二—十三—三
電話／営業　〇三—三二三八—八五二一
http://www.kadokawa.co.jp/

装丁者　緒方修一（ラーフイン・ワークショップ）
印刷所　暁印刷
製本所　BBC

角川oneテーマ21　C-244

ISBN978-4-04-110488-0 C0295

A-45
巨人軍論
——組織とは、人間とは、伝統とは
野村克也
すべての戦略、戦術のノウハウは巨人軍に隠されている——。強い球団と弱い球団の差とは？ 楽天を指揮する名匠の前代未聞の巨人軍分析！

A-77
あぁ、阪神タイガース
——負ける理由、勝つ理由
野村克也
阪神球団の伝統に隠された最大の弱点とは何か？ 現役監督の著者が他球団の再生のための戦術を徹底分析する前代未聞の阪神タイガース論！

A-86
野村再生工場
——叱り方、褒め方、教え方
野村克也
「失敗」と書いて「せいちょう」と読む。人は無視・賞賛・非難で試される。意識付け、考え方、ぼやき方まで、楽天的再生論の極意を初公開する。

A-94
あぁ、監督
——名将、奇将、珍将
野村克也
組織は監督の「器」より大きくならず。歴代監督から現役監督の戦術や人間性までを徹底分析した「リーダー論」。野村流リーダー学の極意も公開する！

A-87
覚悟のすすめ
金本知憲
強い覚悟が自分を支える力になる。連続フル出場の世界記録を更新し続ける鉄人の精神力と強靭な肉体の秘密。

C-95
決断力
羽生善治
将棋界最高の頭脳の決断力とは？ 天才棋士が初めて公開する「集中力」「決断力」のつけ方、引き込み方の極意とは何か？ 30万部の大ベストセラー超話題作！

C-3
集中力
谷川浩司
将棋における戦いは、限られた持ち時間の中で、いかに集中して指し手をひねり出すかが問われる。逆境からの復活を果たした一流棋士による集中力育成の極意。

角川oneテーマ21

C-235
勝つ組織
佐々木則夫
山本昌邦
人を育て結果を出すために、リーダーは何をすべきか。代表チームを率いた盟友・二人が初めて語り合った組織マネジメント。ビジネスマン必須の書！

A-149
観察眼
遠藤保仁
今野泰幸
ボランチの遠藤とセンターバックの今野。変わり行く試合展開の中、何を考えてプレーしているのか？　日本代表の2人が流れを読む力、観察眼を明らかにする。

A-130
信頼する力
——ジャパン躍進の真実と課題
遠藤保仁
2010年、南アフリカW杯。チーム最年長であり中心にいた遠藤保仁が、今だから明かす真実。日本代表、躍進のカギは「信頼関係」にあった——。

A-126
恐れるな！
——なぜ日本はベスト16で終わったのか？
イビチャ・オシム
南アW杯ベスト16で満足するな！　日本人よ、もう少しの勇気を持て！　元サッカー日本代表監督が日本の未来のために書き尽くした渾身の提言。

A-114
考えよ！
——なぜ日本人はリスクを冒さないのか？
イビチャ・オシム
日本が世界で勝ち上がるためのヒントが見えてくる。なぜ日本人はリスクを冒さないのか。前サッカー日本代表監督が書き尽くした珠玉の戦術論・組織論・日本人論。

C-237
挫折を愛する
松岡修造
成功だけが続く人生なんてありえない。「もう無理だ」は、あなたが劇的に変わる寸前の、最後の苦しみなのかもしれない。折れやすい心を強くするためのヒント。

C-205
F1　戦略の方程式
——世界を制したブリヂストンのF1タイヤ
浜島裕英
欧米が圧倒的に優位のモータースポーツの世界で、日本企業として屈指の活躍を収めたタイヤ開発者が教える「世界で勝つための方法」とは？

B-155
プロ野球重大事件
——誰も知らない"あの真相"
野村克也
巨人の内紛劇からドラフト問題、落合解任、DeNA新規参入。日本のプロ野球のニュースには人間ドラマあり。世にも奇妙な話の数々まで紹介する。

A-117
なぜ日本人は落合博満が嫌いか？
テリー伊藤
常識に囚われない超合理主義のプロフェッショナル、落合博満こそ混迷の日本を救う新時代のリーダーである。テリー伊藤が熱く吼える！

C-198
大局観
——自分と闘って負けない心
羽生善治
年齢を重ねるごとに強くなり、進化する「大局観」の極意とは何か？　最強棋士の勝負哲学からの直感力、決断力、集中力の法則を学ぶ一冊。

C-222
将棋名人血風録
——奇人・変人・超人
加藤一二三
将棋名人が誕生して四〇〇年。木村、大山、升田に谷川、羽生、森内…。最高峰に上り詰めた棋士たちの知られざる姿を公開。歴史に隠された勝負の世界を綴る。

C-217
解決する脳の力
——無理難題の解決原理と80の方法
林　成之
頑張っているのに結果の出ない人には理由がある！　本能に反した無駄な努力をやめ、脳のクセを知って最大限に力を引き出す解決法を具体的に紹介。

A-153
人間の闇
——日本人と犯罪〈猟奇殺人事件〉
一橋文哉
酒鬼薔薇事件、世田谷一家惨殺事件ほか、狂気事件に隠された本当の真実とは何か？　未解決事件の真相と、日本人と犯罪の本質の闇を覗く問題作！

A-154
国家の闇
——日本人と犯罪〈蠢動する巨悪〉
一橋文哉
オウム事件、グリコ森永事件、赤報隊事件ほか、戦後を代表する重大事件がいかにして起こり、日本人はどう受け止めてきたのか。犯罪史を総括する。

C-109
F1ビジネス
――もう一つの自動車戦争
田中詔一
「1秒短縮する開発コストは100億円!?」「商業権を牛耳るF1の首領との駆け引き」……初代HRD社長で国際マーケティングのプロが明かす、F1の舞台裏！

A-83
俺の健康自慢
青木　功
俺は死ぬまで現役を続けたい――65歳を迎えた現在も、シニアツアーの最前線で戦い続ける「世界のアオキ」が、50年間積み重ねた健康法を初公開！

C-243
羽生善治論
――「天才」とは何か
加藤一二三
〝神武以来の天才〟と呼ばれる著者が、〝天才・羽生善治〟を徹底分析。なぜ、「逆転勝ちが多い」？　なぜ、「記録には関心がない」？――羽生善治氏、本人も推薦！

A-168
歴史認識を問い直す
――靖国、慰安婦、領土問題
東郷和彦
日韓・日中関係は戦後もっとも緊迫した状況にある。各国の歴史認識の差異とはなにか。「抑止」と「対話」をキーワードに元外務官僚が解決策を提案する一冊。

C-248
産科が危ない
――医療崩壊の現場から
吉村泰典
産科の訴訟件数は外科の3倍、内科の8倍。医療不安が医師減少を招き、医療崩壊へとつながっている現実。産科の危機的状況と改善に向けた取り組みを紹介する。

B-165
嫉妬の法則
――恋愛・結婚・SEX
ビートたけし
「純愛なんて、作り物なんだ」「ワイセツってのは、いいことだ」……恋愛から不倫、結婚・離婚の話まで。世界のキタノだけが知る、男と女の〝驚きの本性〟とは？

A-166
幸せな挑戦
――今日の一歩、明日の「世界」
中村憲剛
全国大会に出場したのは小学生の時だけ。選抜歴も同じ小学生時代の「関東選抜」が最高キャリア。なぜ「非エリート」の彼が日本代表まで上りつめることができたのか？